# Real-World
# Software
# Development

## 실전 자바 소프트웨어 개발

| 표지 설명 |

표지 동물은 구세계원숭이의 일종인 칼라망가베이(*Cercocebus torquatus*)이다. *Cercocebus*는 라틴어로 '꼬리 원숭이'를 의미한다. 아프리카의 서해안 지대에 서식하며 늪과 계곡이 있는 삼림지에서 생활한다. 약 30미터 높이까지 오를 수 있어 나무 위에서 대부분의 시간을 보내지만, 걷기에는 대지에서 식량을 구한다. 과일, 씨앗, 견과, 식물, 버섯, 곤충, 새알 등 다양한 음식을 섭취한다.

몸은 진회색이며, 목에는 흰 칼라를 두른 것처럼 보여 칼라망가베이collared mangabey라는 이름이 지어졌다. 머리에는 두드러진 적갈색 무늬가 있고, 흰색 눈꺼풀로 강렬한 인상을 준다. 몸무게는 평균 9~10kg이며 키는 45~61cm다. 나무에서 서식하는 다른 영장류처럼 자신의 몸보다 길고 유연한 꼬리를 가졌다.

표지 그림은 『Meyers Kleines Lexicon』의 흑백 판화에 기초해 캐런 몽고메리Karen Montgomery가 그렸다.

# 실전 자바 소프트웨어 개발

4가지 프로젝트로 배우는 최신 자바 개발 기법

**초판 1쇄 발행** 2020년 6월 20일

**지은이** 라울-게이브리얼 우르마, 리처드 워버턴 / **옮긴이** 우정은 / **펴낸이** 김태헌
**펴낸곳** 한빛미디어(주) / **주소** 서울시 서대문구 연희로2길 62 한빛미디어(주) IT출판부
**전화** 02-325-5544 / **팩스** 02-336-7124
**등록** 1999년 6월 24일 제25100-2017-000058호 / **ISBN** 979-11-6224-317-6   93000

**총괄** 전정아 / **책임편집** 박지영 / **기획·편집** 정지수
**디자인** 표지 이아란 내지 김연정 / **조판** 이경숙
**영업** 김형진, 김진불, 조유미 / **마케팅** 박상용, 송경석, 조수현, 이행은, 홍혜은 / **제작** 박성우, 김정우

이 책에 대한 의견이나 오탈자 및 잘못된 내용에 대한 수정 정보는 한빛미디어(주)의 홈페이지나 아래 이메일로
알려주십시오. 잘못된 책은 구입하신 서점에서 교환해드립니다. 책값은 뒤표지에 표시되어 있습니다.
한빛미디어 홈페이지 www.hanbit.co.kr / 이메일 ask@hanbit.co.kr

지금 하지 않으면 할 수 없는 일이 있습니다.
책으로 펴내고 싶은 아이디어나 원고를 메일(**writer@hanbit.co.kr**)로 보내주세요.
한빛미디어(주)는 여러분의 소중한 경험과 지식을 기다리고 있습니다.

# Real-World
# Software
# Development

## 실전 자바 소프트웨어 개발

O'REILLY® 한빛미디어
Hanbit Media, Inc.

## 지은이·옮긴이 소개

지은이 **라울-게이브리얼 우르마** Raoul-Gabriel Urma

UK의 데이터 과학자와 개발자를 선도하는 교육 커뮤니티인 케임브리지 스파크의 공동 창업자로 변환 데이터 과학, AI 교육, 경력 개발의 리더이다. 케임브리지 대학교에서 컴퓨터 과학 박사 학위를 수료했다. 임페리얼 칼리지 런던의 석사 학위를 보유하고 있으며 우등생으로 졸업했고 다수의 기술 혁신상을 수상했다. 관심 있는 연구 분야는 프로그래밍 언어, 컴파일러, 소스코드 분석, 머신러닝, 교육이다. 2017년에 자바 챔피언으로 임명되었다. 자바, 파이썬, AI, 비즈니스 등 다양한 분야의 국제적 연사로 활동했다. 다수의 스타트업 프로젝트를 포함해 구글, 이베이, 오라클, 골드만삭스 등의 회사와 함께 일했다. 『모던 자바 인 액션』(한빛미디어, 2019)을 비롯한 다수의 책을 집필했다.

지은이 **리처드 워버턴** Richard Warburton

JVM 프로파일링 서비스를 제공하는 Opsian.com의 공동 창업자이며 Artio FIX Engine 관리자다. 개발 도구, HFT, 네트워크 프로토콜 등 다양한 분야의 개발자로 일했다. 『Java 8 Lambdas』 (O'Reilly, 2014)를 집필했으며 Iteratr Learning[1]과 플루럴사이트[2]에서 개발자의 학습을 돕고 있다. 수십 가지 행사의 연사로 활동했으며 유럽과 미국에서 주요 콘퍼런스의 위원을 역임하고 있다. 워릭 대학교의 컴퓨터 과학 박사 학위를 받았다.

옮긴이 **우정은** realplord@gmail.com

인하대학교 컴퓨터공학과를 졸업하고 LG전자, 썬마이크로시스템즈, 오라클 등에서 모바일 제품 관련 개발 일을 하다가 현재는 뉴질랜드 웰링턴의 Flux Federation이라는 회사에서 모바일 앱 개발자로 새로운 인생을 즐기고 있다. 2010년 아이폰의 매력에 빠져들면서 번역 및 개발을 취미로 삼게 되었다. 2010년 이후로 다수의 서적을 번역했다.

---

1 http://iteratrlearning.com

2 http://www.pluralsight.com/author/richard-warburton

## 옮긴이의 말

다양한 언어와 프레임워크를 다루는 개발서는 많지만, 그에 비해 좋은 품질의 소프트웨어를 개발하는 데 실용적인 도움을 주는 책은 찾기 어렵다. 좋은 품질의 소프트웨어 개발에 관한 책이라도 내용이 너무 학술적이라 실용적이지 못할 때도 있다. 이런 점을 감안한다면, 이 책은 실제 업무에 도움을 주는 좋은 개발서다.

예를 들어 SOLID는 유명한 원칙이며 면접에도 자주 등장한다. 하지만 각각의 원칙을 실전에 적용해보지 않으면 이해하기가 어렵다. 인터넷에는 SOLID를 설명하는 수많은 자료가 있지만, 이 책만큼 실용적이면서 이해하기 쉽게 설명하는 자료는 드물다. SOLID에 관해서는 엉클 밥<sup>Uncle</sup> <sup>Bob</sup>이라 불리는 창시자의 유튜브 동영상을 찾아 확인해보면 더 많은 지식을 얻을 수 있다. 강의를 참 잘하는 분이라 쉽고 재미있게 영상을 즐길 수 있다.

나는 뉴질랜드 웰링턴의 IT 회사에서 모바일 앱 개발자로 근무하고 있는데, 많은 직원이 좋은 품질의 소프트웨어를 개발해야 하는 필요성을 알고 있으며 이를 달성하고자 많은 노력을 기울인다. 적절한 디자인 패턴, 유닛 테스트와 통합 테스트 등을 기본으로, CI와 다양한 플러그인을 활용하는 방법에는 어느 정도 차이가 있겠지만, 전 세계에서 이와 비슷하게 개발을 진행한다.

전 세계가 COVID-19로 어수선한 가운데, 번역을 무사히 마쳐 책이 출간될 수 있어 다행이다. 번역서가 완성될 수 있도록 여러 가지로 꼼꼼하게 번역을 지원해주신 정지수 편집자님께 감사의 인사를 전한다. 그리고 봉쇄령이 내려진 이곳 뉴질랜드에서 두 달째 24시간을 함께하는 반려견 호두와 아내 윤정에게도 고마움을 전한다.

우정은

## 이 책에 대하여

소프트웨어 개발 기술을 익히려면 다양한 개념을 알아야 한다. 주니어든, 시니어든 소프트웨어 개발자라면 피할 수 없다. 개발자라면 시간을 투자해 SOLID 원칙, 디자인 패턴, 테스트 주도 개발을 배우는 게 좋을까, 아니면 요즘 인기를 얻고 있는 함수형 프로그래밍 기술을 배우는 게 좋을까?

어떤 기술을 선택해서 배우든 다양한 기술을 서로 어떻게 연결해야 할지 처음에는 파악하기가 어렵다. 프로젝트를 진행하면서 어느 시점에 함수형 프로그래밍 개념을 적용해야 할까? 언제 테스트를 고민해야 할까? 이런 기술을 언제 새로 추가하거나 개선해야 할지 어떻게 알 수 있을까? 각 기술을 다루는 책을 모두 읽은 후, 블로그나 동영상을 추가로 봐야 할까? 어디에서 이 모든 것을 시작해야 할까?

여러 의문이 들겠지만, 이 책이 여러분의 궁금증을 모두 해결해줄 것이므로 걱정할 필요 없다. 이 책에서는 프로젝트에 기반한 통합적인 소프트웨어 개발 방법을 배운다. 생산적인 개발자가 되는 데 필요한 핵심 주제를 배운다. 더 나아가 이 책에서 배운 여러 기술을 큰 프로젝트에 어떻게 적용할 수 있는지도 배운다.

## 이 책을 집필한 이유

필자들은 지난 수년간 개발자들에게 코드를 구현하는 방법을 가르치면서 많은 경험을 쌓았다. 그동안 자바 8과 그다음 이어지는 기술을 다루는 책을 집필했으며, 고급 소프트웨어 개발자를 양성하는 교육 과정도 운영했다. 이 과정에서 우리는 자바 챔피언Java champion으로 임명되었고 세계적인 콘퍼런스 연사로도 활동했다.

몇 년간의 경험을 통해 소프트웨어 개발과 관련한 여러 핵심 주제(디자인 패턴, 함수형 프로그래밍functional programming, SOLID 원칙, 테스트 등)를 알려주거나 상기시켜준다면 많은 개발자에게 도움이 될 거라는 사실을 알게 되었다. 개발자마다 핵심 주제를 어느 정도 이해하고 있을 순 있지만, 이들이 어떻게 함께 동작하는지 완벽하게 이해하는 사람은 흔치 않다. 때로는 어떤 기술을 배워야 할지 선택하지 못하고 자신의 개발 기술 향상에 손을 놓는 사람도 있다. 우리는 이 책에서 핵심 기술뿐만 아니라 이 기술이 얼마나 쉽고 재미있는지도 알려주려 한다.

## 개발자 중심 접근

이 책에서는 개발자 중심으로 기술을 배운다. 이 책은 많은 예제 코드를 포함하며 새로운 주제를 소개할 때는 구체적인 예제 코드를 함께 제공한다. 책에서 소개하는 모든 코드는 통합 개발 환경Integrated Development Environment(IDE)에서 따라 해보거나 실행해볼 수 있다.

기술 서적은 보통 딱딱한 강의 형식이다. 이는 개발자가 기술 서적을 멀리하게 만드는 요인 중 하나다. 이 책에서는 대화형 문체를 사용해 독자 여러분이 내용에 집중하도록 돕는다.

## 이 책에서 배울 내용

각 장에는 소프트웨어 프로젝트가 포함되어 있다. 따라서 각 장을 잘 따라가면 자연스럽게 그 프로젝트를 구현할 수 있다. 처음에는 간단한 명령줄 배치 프로그램으로 시작하지만, 점점 형식을 갖춘 복잡한 응용프로그램으로 발전한다.

독자 여러분은 프로젝트 주도project-driven 구성 덕분에 다음과 같은 이득을 얻을 수 있다. 첫째, 통합된 설정에서 다양한 프로그래밍 기술을 함께 사용하는 법을 확인할 수 있다. 책의 마지막 부분에서는 함수형 프로그래밍을 살펴보는데, 이때 추상적인 컬렉션 처리 연산을 위해서만 이를 소개하는 것이 아니라 프로젝트에 필요한 연산 결과를 얻는 데 사용하는 방법도 설명한다. 문제 해결에만 집중하는 교육 자료는 기술의 장점과 접근 방식을 가르쳐줄 수 있지만, 개발자가 프로젝트의 올바른 문맥에서, 적절한 방법으로 어떻게 기술을 사용할 수 있는지를 정확히 알려주기에는 한계가 있다.

둘째, 프로젝트 주도 접근 방법 덕분에 각 장에서는 실용적인 예제를 만날 수 있다. 교육 자료의 많은 예제에서 Foo 클래스와 bar 메서드를 많이 사용한다. 하지만 이 책은 실제 프로젝트에 기반하므로 다양한 기술을 실제 문제에 어떻게 적용하는지, 즉 여러분이 실제 업무에서 접하게 될 문제와 비슷한 상황을 다룬다.

마지막으로 프로젝트 주도 학습 덕분에 높은 집중력으로 즐겁게 배울 수 있다. 각 장에는 새 프로젝트가 등장하므로 새로운 내용을 배울 수 있다. 우리는 독자 여러분이 이 책의 처음부터 끝까지 즐거운 마음으로 페이지를 넘길 수 있도록 배려했다. 각 장은 해결해야 할 문제로 시작하며, 해결 방법을 살펴본 다음에는 여러분이 무엇을 배웠고, 이 문제를 어떻게 해결했는지로 정리하며 마무리한다. 처음에 문제를 제시하고 마지막에 다시 반복하면서 목표가 무엇이었는지 명확하게 상기시킨다.


## 대상 독자

우리는 다양한 배경을 가진 개발자 모두가 이 책을 재미있게 읽고 유용한 지식을 얻을 수 있을 거라 확신한다. 특히 다음과 같은 사람들이 이 책을 읽는다면 효과를 최대로 거둘 수 있다.

막 대학을 졸업했거나 프로그래밍 경력이 조금 생기기 시작한 주니어 개발자라면 반드시 이 책을 읽어야 한다. 여러분의 소프트웨어 개발 경력 전체에 등장할 기초적인 주제를 배우기 때문이다. 이 책을 배우는 데 학사 학위가 꼭 필요하진 않지만, 최소한의 프로그래밍 기초 지식이 있어야 이 책을 잘 활용할 수 있다. 이 책에서는 if문이 무엇이며 루프가 무엇인지 설명하지 않는다. 객체지향이나 함수형 프로그래밍을 꼭 잘 알아야 할 필요는 없다. 클래스가 무엇인지 이해하고 List<String>처럼 제네릭을 포함한 컬렉션 사용 방법을 안다면 2장을 이해하는 데 문제가 없다. 이 책에서 나머지 부분은 기초부터 설명하기 때문이다.

특히 C#, C++, 파이썬 등 다른 프로그래밍 언어를 사용하다가 자바를 사용하기 시작한 개발자라면 이 책을 더욱 재미있게 즐길 수 있다. 이 책은 언어 자체를 빨리 배우도록 도와줄뿐더러 자바 코드를 구현하는 데 중요한 원칙, 모범 사례, 관용 표현 등도 설명한다.

자바 개발 경력이 많은 개발자라면 이미 알고 있는 지식을 다루는 2장은 생략해도 좋다. 하지만 3장부터는 많은 개발자에게 도움이 되는 개념과 접근 방법을 다룬다.

우리는 소프트웨어 개발에서 배움이야말로 가장 즐거운 부분 중 하나임을 알게 되었으며, 여러분도 이 책을 읽으면서 같은 기분을 느끼길 바란다. 독자 여러분도 이 여행을 함께 즐겼으면 좋겠다.


## 예제 코드

책에서 사용한 예제 코드는 다음 깃허브 저장소에서 다운로드할 수 있다.

- *https://github.com/Iteratr-Learning/Real-World-Software-Development*

# CONTENTS

## CHAPTER 1 여행의 시작

## CHAPTER 2 입출금 내역 분석기

## CHAPTER 3 입출금 내역 분석기 확장판

# CONTENTS

## CHAPTER 4 문서 관리 시스템

CHAPTER **5 비즈니스 규칙 엔진**

# CONTENTS

CHAPTER **6 트우터**

## CHAPTER 7 트우터 확장판

# CONTENTS

# 여행의 시작

1장에서는 책에서 사용하는 개념과 원칙을 소개한다. 기술은 좁은 분야에 적용되지만 **관습과 원칙**은 모든 분야를 아우른다. 특정 기술을 다루는 책은 많이 있지만, 이 책은 그런 책과 다르다. 그렇다고 특정 언어, 프레임워크, 라이브러리가 중요하지 않다는 말은 아니다. 다만 그런 종류의 지식은 오랜 시간 동안 다양한 언어와 프레임워크에 적용하는 일반적인 관습과 원칙에 비해 생명주기가 짧다. 이 책은 이런 상황에 빠져 고민하는 독자 여러분을 돕기 위해 세상에 나왔다.

## 1.1 테마

이 책에서는 학습 효과를 높이는 프로젝트 기반 구조를 사용한다. 여러 장에서 사용하는 다양한 테마를 확인하면서 이들을 어떻게 서로 연결하며, 각 테마를 어떤 이유로 선택했는지 고민해보자. 이 책은 다음 네 개의 큰 테마를 사용한다.

### 1.1.1 자바 기능

2장에서 클래스와 인터페이스 구조를 설명한다. 3장에서는 예외와 패키지를 설명하고, 람다 표현식을 간단하게 소개한다. 5장에서는 지역 변수 형식 추론과 switch문을 설명하며, 7장에서는 람다 표현식과 메서드 레퍼런스를 자세히 다룬다. 요즘 많은 소프트웨어 프로젝트가 자바로 구현되므로 자바의 기능을 알고, 어떻게 동작하는지 이해해야 한다. 자바의 여러 기능은 C#, C++, 루비, 파이썬 같은 다른 언어에서도 유용하게 활용할 수 있다. 각 언어는 특징이 서로 다르지만, 클래스 사용법과 핵심 OOP 개념은 언어 종류와 관계없이 적용할 수 있다.

### 1.1.2 소프트웨어 디자인과 아키텍처

이 책은 개발자들이 흔히 겪는 문제의 해결책을 찾는 과정에서 필요한 다양한 디자인 패턴을 소개한다. 모든 소프트웨어 프로젝트에서 발생하는 문제의 유형은 서로 다르겠지만, 실제로 많은 문제가 기존에 발생했던 문제일 확률이 높다. 따라서 디자인 패턴을 알고 문제의 해결책을 찾는 것이 중요하다. 기존 개발자들이 흔히 겪었던 문제와 그 해결책을 이해한다면, 새로운 소프트웨어 프로젝트에서 이를 다시 개발하는 수고를 덜 수 있고, 소프트웨어를 더 빠르고 안정적으로 개발할 수 있다.

2장의 앞부분에서 결합도coupling와 응집도cohesion를 소개한다. 3장에서는 노티피케이션notification 패턴을 소개한다. 사용자 친화적인 플루언트Fluent API와 빌더 패턴builder pattern을 설계하는 방법은 5장에서 소개한다. 6장에서는 이벤트 주도 아키텍처와 육각형 아키텍처hexagonal architecture의 큰 그림을 설명하며, 7장에서 저장소repository 패턴과 함수형 프로그래밍을 설명한다.

### 1.1.3 SOLID

여러 장에 걸쳐 모든 SOLID 원칙을 설명한다. SOLID는 소프트웨어 유지보수를 쉽게 도와주는 설계 원칙의 집합이다. 소프트웨어 구현은 즐거운 일이어야 하지만, 일단 성공적으로 소프트웨어를 만들었다면 이 소프트웨어를 꾸준히 진화, 성장, 유지해야 한다. 소프트웨어를 가능한 쉽게 유지보수할 수 있도록 만들어야 소프트웨어를 쉽게 진화, 유지할 수 있고 기능을 추가할 수 있다. 각 SOLID 원칙은 다음 장에서 설명한다.

- 2장에서 단일 책임 원칙single responsibility principle(SRP) 설명
- 3장에서 개방/폐쇄 원칙open/closed principle(OCP) 설명
- 4장에서 리스코프 치환 원칙Liskov substitution principle(LSP) 설명
- 5장에서 인터페이스 분리 원칙interface segregation principle(ISP) 설명
- 7장에서 의존관계 역전 원칙dependency inversion principle(DIP) 설명

### 1.1.4 테스트

시간이 지나면서 쉽게 진화할 수 있는 안정적인 코드를 구현하는 것은 정말 중요하다. 테스트 자동화는 이를 달성하는 데 필요한 핵심 요소다. 구현하는 소프트웨어의 크기가 커질수록 다양한 상황을 수동으로 테스트하기가 어렵다. 따라서 소프트웨어 테스트에 사람의 개입을 최소한으로 줄이고, 자동으로 테스트하도록 만들어야 한다.

2장과 4장에서는 테스트를 구현하는 기초 방법을 배운다. 5장에서는 이를 발전시켜 테스트 주도 개발test-driven development(TDD)로 연결한다. 6장에서는 목mock, 스텁stub 등 테스트 더블test double을 활용한 테스트를 설명한다.


## 1.2 각 장에서 다루는 내용

각 장에서는 아래와 같은 내용을 다룬다.

### 2장 입출금 내역 분석기

사람들이 자신의 재정 상황을 더 잘 이해하도록 은행 계좌 내역을 분석하는 프로그램을 구현한다. 이 과정에서 단일 책임 원칙, 결합도, 응집도 같은 핵심 객체지향 디자인 기법을 배운다.

### 3장 입출금 내역 분석기 확장판

3장에서는 2장에서 만든 코드에 전략 디자인 패턴, 개방 폐쇄/원칙을 이용해 기능을 추가하고, 예외를 이용해 실패를 처리하는 방법을 배운다.

### 4장 문서 관리 시스템

4장에서는 잘나가는 의사가 그녀의 환자 기록을 더 잘 관리하도록 돕는다. 이 과정에서 소프트웨어 설계상의 상속, 리스코프 치환 원칙, 조합과 상속의 장단점을 소개한다. 또한 자동화된 테스트 코드로 더 안정적인 소프트웨어를 개발하는 방법도 배운다.

### 5장 비즈니스 규칙 엔진

5장에서는 유연하고 유지보수하기 쉬운 핵심 비즈니스 규칙 엔진을 만드는 방법을 배운다. 테스트 주도 개발, 플루언트 API 개발, 인터페이스 분리 원칙을 알아본다.

### 6장 트우터

**트우터**<sup>Twootr</sup>는 서로의 팔로워에게 짧은 메시지를 발송하는 기능을 제공하는 메시징 플랫폼이다. 6장에서는 간단한 버전의 트우터 시스템 코어를 만든다. 이 과정에서 주어진 요구 사항을 응용프로그램의 코어로 구현하는 방법도 배운다. 또한 테스트 더블을 사용하는 방법과 코드베이스 내의 다양한 컴포넌트와 상호작용을 테스트해본다.

### 7장 트우터 확장판

프로젝트를 이용하는 마지막 장으로, 6장에서 구현한 트우터를 확장한다. 7장에서는 의존관계 역전 원칙을 설명하며, 이벤트 주도와 육각형 아키텍처 같은 전체적인 아키텍처 선택 방법을 배운다. 7장은 테스트 자동화를 위한 스텁, 목과 같은 테스트 더블을 설명하고, 함수형 프로그래밍 기법도 소개한다.

### 8장 결론

마지막 8장에서는 이 책에서 소개한 주요 테마와 개념을 되짚어보며 여러분의 앞날에 참고될 만한 여러 자료를 소개한다.

# 1.3 되새김

여러분은 지금까지 반복적인 방법으로 프로젝트를 진행해왔을 것이다. 즉, 가장 우선순위가 높은 항목 중 일부를 선택해 구현한 다음, 피드백 결과에 따라 다음 항목 집합을 결정하는 과정을 반복했을 것이다. 우리는 여러분의 기술 발전 평가도 이와 비슷한 방법으로 진행하는 것이 좋다고 생각했다. 모든 장은 '되새김'이라는 절로 마무리하며, 해당 장에서 배운 내용을 토대로 자신의 기술을 어떻게 개선할 수 있는지 소개한다.

이 책에서 다루는 내용을 맛보았으니 이제 본격적으로 책의 내용을 살펴보자!

# CHAPTER 2

# 입출금 내역 분석기

## 2.1 도전 과제

요즘은 핀테크FinTech 분야가 뜨고 있다. 마크 버그저커[1]는 여러 군데에서 많은 돈을 소비하는데, 소비 내역을 자동으로 요약할 수 있다면 정말 좋겠다고 생각했다. 은행에서 매달 입출금 내역을 받지만 그 내용을 모두 살펴볼 시간이 없다. 그래서 입출금 내역을 자동으로 분석해 재정 상태를 더 잘 보여주는 소프트웨어를 개발해달라고 우리에게 부탁했고, 우리는 그 부탁을 수락했다.

## 2.2 목표

이후에 다룰 고급 주제를 배우기 전에 2장에서는 좋은 소프트웨어 개발의 기반이 무엇인지 배운다. 먼저 한 개의 클래스로 문제를 구현해보고, 프로젝트를 진행하면서 바뀌는 요구 사항이나 유지보수에 대응하며 기존 구조의 한계가 무엇인지 확인한다.

하지만 걱정할 필요는 없다! 소프트웨어 설계 원칙과 기법을 배워 우리의 코드가 기준을 만족할 수 있도록 도와줄 것이다. 먼저 쉽게 유지보수하고, 이해할 수 있으며 버그가 발생하는 범위를 줄이는 데 도움을 주는 **단일 책임 원칙**single responsibility principle (**SRP**)을 배운다. 이 과정에서 여

---

**1** 옮긴이_ 페이스북 설립자 마크 저커버그의 이름을 말장난한 가상의 인물.

러분이 개발하는 코드와 소프트웨어의 품질을 유지하는 데 유용한 **응집도**와 **결합도**의 특징도 소개한다.

## 2.3 입출금 내역 분석기 요구 사항

여러분은 마크 버그저커와 달콤한 고급 라떼(설탕 없이!)를 먹으며 그의 요구 사항을 수집했다. 마크는 기술을 잘 아는 사람이라 요구 사항을 비교적 쉽게 전달했다. 그는 자신의 입출금 목록이 담긴 텍스트 파일을 읽어 분석할 것을 요구했다. 그는 온라인 인터넷 뱅킹 사이트에서 자신의 거래 내역 파일을 내려받았으며, 이 텍스트 파일은 콤마로 분리된 값인 CSV 형식으로 구성되어 있다. 은행 거래 내역 예시는 다음과 같다.

```
30-01-2017,-100,Deliveroo
30-01-2017,-50,Tesco
01-02-2017,6000,Salary
02-02-2017,2000,Royalties
02-02-2017,-4000,Rent
03-02-2017,3000,Tesco
05-02-2017,-30,Cinema
```

마크는 다음 문제의 답을 원한다.

- 은행 입출금 내역의 총 수입과 총 지출은 각각 얼마인가? 결과가 양수인가 음수인가?
- 특정 달엔 몇 건의 입출금 내역이 발생했는가?
- 지출이 가장 높은 상위 10건은 무엇인가?
- 돈을 가장 많이 소비하는 항목은 무엇인가?

# 2.4 KISS 원칙

간단한 문제부터 시작하자. 첫 번째 문제 '은행 입출금 내역의 총 수입과 총 지출은 각각 얼마인가?'를 살펴보자. 먼저 CSV 파일을 처리해서 모든 금액의 합을 계산해야 한다. 아직까지 다른 요구 사항은 없으므로 복잡한 응용프로그램을 만들 필요는 없다.

[예제 2-1]처럼 **KISS**keep it short and simple 원칙을 이용해 응용프로그램 코드를 한 개의 클래스로 구현한다. 아직은 파일이 존재하지 않거나 파일 내용을 파싱parsing할 때 발생하는 문제를 해결하기 위한 예외 처리에 신경 쓸 필요는 없다. 예외 처리는 3장에서 설명한다.

> **NOTE_** CSV는 완전히 표준화된 형식이 아니다. 종종 CSV를 콤마로 분리한 값이라 부른다. 하지만 어떤 사람들은 구분자로 분리한 값이라 부르며, 이때 구분자로 세미콜론이나 탭을 사용한다. 이러한 요구 사항은 파서parser의 구현을 더 복잡하게 만든다. 2장에서는 모든 값이 콤마(,)로 구분되어 있다고 가정한다.

예제 2-1 모든 거래 내역의 합 계산하기

```java
public class BankTransactionAnalyzerSimple {
    private static final String RESOURCES = "src/main/resources/";

    public static void main(final String... args) throws IOException {

        final Path path = Paths.get(RESOURCES + args[0]);
        final List<String> lines = Files.readAllLines(path);
        double total = 0d;
        for(final String line: lines) {
            final String[] columns = line.split(",");
            final double amount = Double.parseDouble(columns[1]);
            total += amount;
        }

        System.out.println("The total for all transactions is " + total);
    }
}
```

위 코드는 어떤 동작을 수행하는 걸까? CSV 파일을 응용프로그램의 명령줄 인수로 전달해 로딩한다. `Path` 클래스는 파일 시스템의 경로를 가리킨다. `Files.readAllLines()`로 행 목록을 반환한다. 파일의 모든 행을 가져온 다음, 각 행에 다음 작업을 수행한다.

- 콤마로 열 분리
- 금액 추출
- 금액을 double로 파싱

한 행에서 금액을 **double**로 추출해 현재 총합에 더한다. 최종적으로 전체 금액의 합계를 얻는다.

[예제 2-1]은 정상 실행되지만 아래와 같은 문제가 발생할 수 있다. 실제 제품으로 출시되었을 때 발생할 만한 문제를 어떻게 처리할지 고려하는 것이 좋다.

- 파일이 비어 있다면?
- 데이터에 문제가 있어서 금액을 파싱하지 못 한다면?
- 행의 데이터가 완벽하지 않다면?

예외를 처리하는 방법은 3장에서 자세히 설명하지만, 언제나 이런 질문을 하는 습관을 가지는 것이 좋다.

'특정 달엔 몇 건의 입출금 내역이 발생했는가?'라는 두 번째 문제를 살펴보자. 어떻게 이를 처리할 수 있을까? 이전 코드를 복사, 붙여넣기 하는 방식으로 구현해보자. [예제 2-2]처럼 이전 예제의 코드를 그대로 복사해서 붙여넣고, 주어진 월을 선택하도록 로직을 바꾼다.

**예제 2-2** 1월 입출금 내역 합계 계산하기

```
final Path path = Paths.get(RESOURCES + args[0]);
final List<String> lines = Files.readAllLines(path);
double total = 0d;
final DateTimeFormatter DATE_PATTERN = DateTimeFormatter.ofPattern("dd-MM-yyyy");
for(final String line: lines) {
    final String[] columns = line.split(",");
    final LocalDate date = LocalDate.parse(columns[0], DATE_PATTERN);
    if(date.getMonth() == Month.JANUARY) {
        final double amount = Double.parseDouble(columns[1]);
        total += amount;
    }
}

System.out.println("The total for all transactions in January is " + total);
```

### 2.4.1 final 변수

예제 코드에서 사용한 final 키워드를 잠깐 알아보자. 이 책에서는 상당히 광범위하게 final 키워드를 사용한다. 지역 변수나 필드를 final로 정의하기 때문에 이 변수에 값을 재할당할 수 없다. final 사용에 따른 장단점이 모두 있으므로 final 사용 여부는 팀과 프로젝트에 따라 달라진다. 코드에서 가능한 많은 변수를 final로 표시하면 어떤 객체의 상태가 바뀔 수 있고, 어떤 객체의 상태가 바뀔 수 없는지 명확하게 구분할 수 있다.

하지만 final 키워드를 적용한다고 해서 객체가 바뀌지 못하도록 강요하는 것은 아니다. final 필드로 가리키는 객체라도 가변 상태<sup>mutable state</sup>를 포함하기 때문이다. 불변성<sup>immutability</sup>은 4장에서 더 자세히 설명한다. 더욱이 final로 인해 더 많은 코드가 추가된다. 그래서 어떤 팀에서는 메서드 파라미터에 final 필드를 포함시켜 이들 변수가 지역 변수도 아니며, 다시 할당할 수 없음을 명시하기도 한다.

자바 언어에서 사용하긴 하지만 final 키워드가 쓸모없는 상황도 있다. 바로 추상 메서드(예를 들어 인터페이스 내)의 메서드 파라미터에 final을 사용하는 상황이다. 이 상황에서는 실제 구현이 없으므로 final 키워드의 의미가 무력화된다. 또한 나중에 [예제 5-15]에서 살펴보겠지만, 자바 10에서 var 키워드가 등장하면서 final 유용성이 크게 감소되었다.

## 2.5 코드 유지보수성과 안티 패턴

여러분은 [예제 2-2]에서 사용했던 복사, 붙여넣기가 좋은 방법이라고 생각하는가? 조금 여유를 갖고 무슨 일이 일어났는지 생각해보자. 코드를 구현할 때는 **코드 유지보수성**<sup>code maintainability</sup>을 높이기 위해 노력한다. 이게 무슨 의미일까? 구현하는 코드가 가졌으면 하는 속성을 목록으로 만들어보자.

- 특정 기능을 담당하는 코드를 쉽게 찾을 수 있어야 한다.
- 코드가 어떤 일을 수행하는지 쉽게 이해할 수 있어야 한다.
- 새로운 기능을 쉽게 추가하거나 기존 기능을 쉽게 제거할 수 있어야 한다.
- **캡슐화**<sup>encapsulation</sup>가 잘 되어 있어야 한다. 즉 코드 사용자에게는 세부 구현 내용이 감춰져 있으므로 사용자가 쉽게 코드를 이해하고, 기능을 바꿀 수 있어야 한다.

이를 평가하는 좋은 방법은 여러분이 어떤 코드를 구현한 후 6개월 뒤 다른 회사로 이직했고, 여러분의 동료가 그 코드를 이용해야 하는 상황이 닥쳤다고 가정하는 것이다.

궁극적으로 개발자의 목표는 현재 만들고 있는 응용프로그램의 복잡성을 관리하는 것이다. 하지만 새로운 요구 사항이 생길 때마다 복사, 붙여넣기로 이를 해결한다면 다음과 같은 문제가 생긴다. 이는 효과적이지 않은 해결 방법으로 잘 알려져 있으며, **안티 패턴**anit-pattern이라고 부른다.

- 한 개의 거대한 **갓 클래스**god class 때문에 코드를 이해하기가 어렵다.
- **코드 중복**code duplication 때문에 코드가 불안정하고 변화에 쉽게 망가진다.

두 개의 안티 패턴을 더 자세히 살펴보자.


## 2.5.1 갓 클래스

한 개의 파일에 모든 코드를 구현하다 보면 결국 하나의 거대한 클래스가 탄생하면서 클래스의 목적이 무엇인지 이해하기 어려워진다. 이 거대한 클래스가 모든 일을 수행하기 때문이다. 기존 코드의 로직(예를 들어 파싱 작업)을 갱신해야 한다면, 어떻게 이 코드를 찾아서 바꿀 수 있을까? 이런 문제를 **갓 클래스 안티 패턴**이라 부른다. 한 클래스로 모든 것을 해결하는 패턴이다. 여러분은 이런 갓 클래스 안티 패턴이 나타나지 않도록 주의해야 한다. 2.6절에서 쉽게 이해하고 유지보수할 수 있는 코드를 구현하는 데 도움을 주는 **단일 책임 원칙**을 배운다.


## 2.5.2 코드 중복

각 문제에서 입력을 읽고 파싱하는 로직이 중복된다. CSV 대신 JSON 파일로 입력 형식이 바뀐다면 어떻게 될까? 또는 다양한 형식의 파일을 지원해야 한다면 어떨까? 현재 구현은 한 가지 문제만 해결하도록 하드코딩되어 있고, 여러 곳에 이 코드가 중복되어 있어 기존의 기능을 바꾸기가 어렵다. 결과적으로 모든 곳의 코드를 다 바꿔야 하며, 새로운 버그가 발생할 가능성이 커진다.

NOTE_ 여러분은 중복 배제don't repeat yourself(DRY) 원칙을 자주 들어봤을 것이다. 반복을 제거하면 로직을 바꿔도 여러 곳의 코드를 바꿔야 할 필요성이 없어진다.

위 예제에서 데이터 형식이 바뀐다면 비슷한 문제가 발생한다. 현재 코드는 특정 데이터 형식만 지원한다. 새로운 열을 추가해 이를 개선하거나 속성명이 다른 다양한 데이터 형식을 지원하려면 코드에서 많은 부분을 다시 바꿔야 한다.

결론적으로 코드를 간결하게 유지하는 것도 중요하지만, KISS 원칙을 남용하지 않아야 한다. 여러분의 전체 응용프로그램의 설계를 되돌아보고, 한 문제를 작은 개별 문제로 분리해 더 쉽게 관리할 수 있는지 파악해야 한다. 이 과정을 통해 더 이해하기 쉽고, 쉽게 유지보수하며, 새로운 요구 사항도 쉽게 적용하는 결과물을 만들 수 있다.

## 2.6 단일 책임 원칙

**단일 책임 원칙**(이하 SRP)은 쉽게 관리하고 유지보수하는 코드를 구현하는 데 도움을 주는 포괄적인 소프트웨어 개발 지침이다.

다음 두 가지를 보완하기 위해 SRP를 적용한다.

- 한 클래스는 한 기능만 책임진다.
- 클래스가 바뀌어야 하는 이유는 오직 하나여야 한다.[2]

SRP는 일반적으로 클래스와 메서드에 적용한다. SRP는 한 가지 특정 동작, 개념, 카테고리와 관련된다. SRP를 적용하면 코드가 바뀌어야 하는 이유가 한 가지로 제한되므로 더 튼튼한 코드를 만들 수 있다. 이전 예제에서 살펴본 것처럼 코드가 바뀌는 이유가 한 가지가 아니라면, 여러 장소에서 코드 변경이 발생하므로 코드 유지보수가 더 어려워진다. 또한 코드를 이해하고 바꾸기 어렵게 만드는 요인이기도 하다. 그럼 [예제 2-2]에 어떻게 SRP를 적용할까? 현재 메인 클래스는 여러 책임을 모두 포함하므로 이를 개별로 분리해야 한다.

1. 입력 읽기
2. 주어진 형식의 입력 파싱
3. 결과 처리
4. 결과 요약 리포트

--------------------------------

**2**  이 정의는 로버트 마틴이 만들었다.

2장에서는 파싱과 관련된 기능에 집중한다. 3장에서는 **입출금 내역 분석기**[Bank Statements Analyzer]를 완벽하게 모듈화할 수 있도록 확장하는 방법을 살펴본다.

첫 번째로, 다른 문제 구현에 이를 활용할 수 있도록 CSV 파싱 로직을 새로운 클래스로 분리한다. 이를 BankStatementCSVParser라고 부르며, [예제 2-3]에서 볼 수 있듯이 이 클래스가 처리하는 일을 쉽게 파악할 수 있다.

**예제 2-3** 파싱 로직을 추출해 한 클래스로 만듦

```java
public class BankStatementCSVParser {

    private static final DateTimeFormatter DATE_PATTERN
        = DateTimeFormatter.ofPattern("dd-MM-yyyy");

    private BankTransaction parseFromCSV(final String line) {
        final String[] columns = line.split(",");

        final LocalDate date = LocalDate.parse(columns[0], DATE_PATTERN);
        final double amount = Double.parseDouble(columns[1]);
        final String description = columns[2];

        return new BankTransaction(date, amount, description);
    }

    public List<BankTransaction> parseLinesFromCSV(final List<String> lines) {
        final List<BankTransaction> bankTransactions = new ArrayList<>();
        for(final String line: lines) {
            bankTransactions.add(parseFromCSV(line));
        }
        return bankTransactions;
    }
}
```

BankStatementCSVParser 클래스는 parseFromCSV()와 parseLinesFromCSV()라는 Bank Transaction 객체를 생성하는 두 클래스를 정의한다. BankTransaction은 도메인 클래스로 입출금 내역을 표현하며 [예제 2-4]에서 관련 코드를 볼 수 있다.

BankTransaction 클래스는 응용프로그램의 다른 부분에서 입출금 내역 부분이라는 의미를 공유할 수 있어 매우 유용하다. 이 클래스에서 equals()와 hashCode() 메서드 구현을 제공한다는 점을 기억하자. 이 메서드가 필요한 이유와 올바른 구현 방법은 6장에서 설명한다.

예제 2-4 입출금 내역 도메인 클래스

```java
public class BankTransaction {
    private final LocalDate date;
    private final double amount;
    private final String description;


    public BankTransaction(final LocalDate date, final double amount, final String description) {
        this.date = date;
        this.amount = amount;
        this.description = description;
    }

    public LocalDate getDate() {
        return date;
    }

    public double getAmount() {
        return amount;
    }

    public String getDescription() {
        return description;
    }

    @Override
    public String toString() {
        return "BankTransaction{" +
                "date=" + date +
                ", amount=" + amount +
                ", description='" + description + '\'' +
```

```
                    '}';
        }

        @Override
        public boolean equals(Object o) {
            if (this == o) return true;
            if (o == null || getClass() != o.getClass()) return false;
            BankTransaction that = (BankTransaction) o;
            return Double.compare(that.amount, amount) == 0 &&
                    date.equals(that.date) &&
                    description.equals(that.description);
        }

        @Override
        public int hashCode() {
            return Objects.hash(date, amount, description);
        }
    }
}
```

[예제 2-5]에서는 BankStatementCSVParser의 parseLinesFromCSV() 메서드를 사용해 기존 코드를 리팩터링refactoring한다.

**예제 2-5** 입출금 내역 CSV 파서 사용하기

```
final BankStatementCSVParser bankStatementParser = new BankStatementCSVParser();

final String fileName = args[0];
final Path path = Paths.get(RESOURCES + fileName);
final List<String> lines = Files.readAllLines(path);

final List<BankTransaction> bankTransactions
    = bankStatementParser.parseLinesFromCSV(lines);

System.out.println("The total for all transactions is " + calculateTotalAmount(bankTran
sactions));
System.out.println("Transactions in January " + selectInMonth(BankTransactions, Month.
JANUARY));
```

구현 코드의 BankTransaction 객체에서 직접 정보를 추출하기 때문에 내부 파싱 방법을 알 필요가 없어졌다. [예제 2-6]은 calculateTotalAmount()와 selectInMonth() 메서드를 어떻게 선언하는지 보여준다. 이 메서드는 거래 목록을 처리해 결과를 반환한다. 3장에서는 람다 표현식lambda expression과 스트림 API stream API를 배워 코드를 더 간결하게 만들어본다.

예제 2-6 입출금 내역 목록 처리

```java
public static double calculateTotalAmount(final List<BankTransaction> bankTransactions)
{
    double total = 0d;
    for(final BankTransaction bankTransaction: bankTransactions) {
        total += bankTransaction.getAmount();
    }
    return total;
}

public static List<BankTransaction> selectInMonth(final List<BankTransaction>
bankTransactions, final Month month) {
    final List<BankTransaction> bankTransactionsInMonth = new ArrayList<>();
    for(final BankTransaction bankTransaction: bankTransactions) {
        if(bankTransaction.getDate().getMonth() == month) {
            bankTransactionsInMonth.add(bankTransaction);
        }
    }
    return bankTransactionsInMonth;
}
```

리팩터링 덕분에 메인 응용프로그램에서 파싱 로직을 구현하는 부분이 사라졌다. 대신 파싱 기능을 다른 클래스와 메서드에 위임했고, 이 기능을 독립적으로 구현했다. 다양한 문제를 처리해야 하는 새 요구 사항이 들어오면, BankStatementCSVParser 클래스로 캡슐화된 기능을 재사용해 구현한다.

파싱 알고리즘 동작 방식(예를 들어 결과를 캐싱해서 효율성을 높임)을 바꿔야 하는 일이 생겨도 한 곳의 코드만 바꾸면 된다. 게다가 BankTransaction 클래스 덕분에 다른 코드가 특정 데이터 형식에 의존하지 않게 되었다.

메서드를 구현할 때는 **놀람 최소화 원칙**principle of least surprise[3]을 따라야 한다. 그래야 코드를 보고 무슨 일이 일어나는지 명확히 이해할 수 있기 때문이다. 다음을 참고하자.

---

**3** 옮긴이_ 어떤 메서드가 다른 메서드와 달리 예상치 못한 방법으로 동작한다면 코드를 이해하기가 어려울 것이다. 따라서 누군가가 놀라지 않도록 일관성을 유지하는 범위에서 코드를 구현할 것을 강조하는 원칙이다.

- 메서드가 수행하는 일을 바로 이해할 수 있도록 자체 문서화를 제공하는 메서드명을 사용한다(예를 들어 calculateTotalAmount()와 같은 메서드명).
- 코드의 다른 부분이 파라미터의 상태에 의존할 수 있으므로 파라미터의 상태를 바꾸지 않는다.

놀람 최소화 원칙은 약간 주관적인 개념이다. 따라서 확신이 서지 않는다면 동료나 팀원과 함께 의논하는 것이 좋다.

# 2.7 응집도

지금까지 **KISS**, **DRY**, **SRP** 원칙을 배웠다. 하지만 코드 품질과 관련한 특성은 아직 살펴보지 않았다. 소프트웨어 엔지니어링과 관련해 **응집도**<sup>cohesion</sup>는 코드 구현에서 중요한 특성이다. 단어 자체가 난해하면서도 멋져 보이지만, 실제로 응집도는 코드 유지보수성을 결정하는 중요한 개념이다.

응집도는 서로 **어떻게 관련되어 있는지**를 가리킨다. 정확히 말하자면 응집도는 클래스나 메서드의 책임이 서로 얼마나 강하게 연결되어 있는지를 측정한다. 즉 어떤 것이 여기저기에 모두 속해 있는지를 말한다. 응집도는 소프트웨어의 복잡성을 유추하는 데 도움을 준다. 높은 응집도는 개발자의 목표이고, 누구나 쉽게 코드를 찾고, 이해하고, 사용할 수 있도록 만들고 싶어 한다. 이전에 리팩터링한 코드에서 BankStatementCSVParser의 응집도는 높다. 이 클래스에서 CSV 데이터를 파싱하는 작업과 관련된 두 메서드를 한 그룹으로 만들었기 때문이다.

보통 응집도 개념은 클래스(클래스 수준 응집도)에 적용하지만, 이를 메서드(메서드 수준 응집도)에도 적용할 수 있다.

프로그램의 진입점<sup>entry point</sup>인 BankStatementAnalyzer 클래스를 살펴보면, 이 클래스는 파서, 계산, 화면으로 결과 전송 등 응용프로그램의 다양한 부분을 연결한다는 사실을 알 수 있다. 하지만 현재 계산 작업을 하는 로직은 BankStatementAnalyzer 내의 정적 메서드로 선언되어 있다. 이 클래스에 정의된 계산 관련 작업은 파싱이나 결과 전송과는 직접적인 관련이 없으므로 응집도가 떨어지는 클래스의 사례다.

대신 계산 연산을 BankStatementProcessor라는 별도의 클래스로 추출한다. 또한 모든 연산에서 메서드 인수인 입출금 내역 목록을 공유하므로 이를 클래스의 필드로 만든다. 결과적으로 메서드 시그니처는 훨씬 단순해지고 BankStatementProcessor의 응집도도 개선된다. [예제 2-7]의 코드는 최종 결과를 보여준다. 덕분에 응용프로그램의 다른 부분에서 BankStatementAnalyzer 전체 클래스를 의존하지 않고도 BankStatementProcessor의 메서드를 재사용할 수 있다.

예제 2-7 BankStatementProcessor 클래스의 계산 연산 그룹화

```java
public class BankStatementProcessor {

    private final List<BankTransaction> bankTransactions;

    public BankStatementProcessor(final List<BankTransaction> bankTransactions) {
        this.bankTransactions = bankTransactions;
    }

    public double calculateTotalAmount() {
        double total = 0;
        for(final BankTransaction bankTransaction: bankTransactions) {
            total += bankTransaction.getAmount();
        }
        return total;
    }

    public double calculateTotalInMonth(final Month month) {
        double total = 0;
        for(final BankTransaction bankTransaction: bankTransactions) {
            if(bankTransaction.getDate().getMonth() == month) {
                total += bankTransaction.getAmount();
            }
        }
        return total;
    }

    public double calculateTotalForCategory(final String category) {
        double total = 0;
        for(final BankTransaction bankTransaction: bankTransactions) {
            if(bankTransaction.getDescription().equals(category)) {
                total += bankTransaction.getAmount();
            }
        }
        return total;
```

```
        }
    }
```

[예제 2-8]에서는 **BankStatementAnalyzer**에서 새로 만든 클래스의 메서드를 사용한다.

**예제 2-8** BankStatementProcessor 클래스를 이용해 입출금 내역 목록 처리

```
public class BankStatementAnalyzer {
    private static final String RESOURCES = "src/main/resources/";
    private static final BankStatementCSVParser bankStatementParser = new
BankStatementCSVParser();

    public static void main(final String... args) throws IOException {

        final String fileName = args[0];
        final Path path = Paths.get(RESOURCES + fileName);
        final List<String> lines = Files.readAllLines(path);

        final List<BankTransaction> bankTransactions = bankStatementParser.
parseLinesFrom(lines);
        final BankStatementProcessor bankStatementProcessor = new BankStatementProcesso
r(bankTransactions);

        collectSummary(bankStatementProcessor);
    }

    private static void collectSummary(final BankStatementProcessor
bankStatementProcessor) {
        System.out.println("The total for all transactions is "
                + bankStatementProcessor.calculateTotalAmount());

        System.out.println("The total for transactions in January is "
                + bankStatementProcessor.calculateTotalInMonth(Month.JANUARY));

        System.out.println("The total for transactions in February is "
                + bankStatementProcessor.calculateTotalInMonth(Month.FEBRUARY));

        System.out.println("The total salary received is "
                + bankStatementProcessor.calculateTotalForCategory("Salary"));
    }
}
```

다음 절에서는 더 쉽게 이해하고 유지보수할 수 있는 코드를 구현하는 데 도움이 되는 지침을 배워본다.

## 2.7.1 클래스 수준 응집도

실무에서는 일반적으로 다음과 같은 여섯 가지 방법으로 그룹화한다.

- 기능
- 정보
- 유틸리티
- 논리
- 순차
- 시간

그룹화하는 메서드의 관련성이 약하면 응집도가 낮아진다. 그룹화하는 방법을 하나씩 살펴본 후, [표 2-1]에서 내용을 요약한다.

### 기능

BankStatementCSVParser를 구현할 때 기능이 비슷한 메서드를 그룹화했다. parseFrom() 과 parseLinesFrom()은 CSV 형식의 행을 파싱한다. 내부적으로 parseLinesFrom() 메서드는 parseFrom() 메서드를 사용한다. 이렇게 함께 사용하는 메서드를 그룹화하면 찾기도 쉽고 이해하기도 쉬우므로 응집도를 높인다. 다만 기능 응집은 한 개의 메서드를 갖는 클래스를 너무 과도하게 만들려는 경향이 발생할 수 있다는 약점이 있다. 간단한 클래스를 과도하게 만들면 그만큼 생각해야 할 클래스가 많아지므로 코드가 장황해지고 복잡해진다.

### 정보

같은 데이터나 도메인 객체를 처리하는 메서드를 그룹화하는 방법도 있다. 예를 들어 Bank Transaction 객체를 만들고, 읽고, 갱신하고, 삭제하는 기능(CRUD[creat, read, update, delete] 연산)이 필요해 이런 기능만 제공하는 클래스를 만들어야 한다. [예제 2-9]는 네 개의 다른 메서드를 관련 정보로 응집하는 클래스를 구현한다. 메서드의 바디는 아직 구현하지 않았으므로 모든 메서드는 UnsupportedOperationException 예외를 던진다.

**예제 2-9** 정보 응집 예제

```java
public class BankTransactionDAO {

    public BankTransaction create(final LocalDate date, final double amount, final
String description) {
        // ...
        throw new UnsupportedOperationException();
    }

    public BankTransaction read(final long id) {
        // ...
        throw new UnsupportedOperationException();
    }

    public BankTransaction update(final long id) {
        // ...
        throw new UnsupportedOperationException();
    }

    public void delete(final BankTransaction BankTransaction) {
        // ...
        throw new UnsupportedOperationException();
    }
}
```

**NOTE_** 이 유형은 테이블이나 특정 도메인 객체를 저장하는 데이터베이스와 상호작용할 때 흔히 볼 수 있다. 이 패턴을 보통 **데이터 접근 객체**data access object(DAO)라 부르며 객체를 식별하는 일종의 ID가 필요하다. 기본적으로 DAO는 영구 저장 데이터베이스나 인메모리 데이터베이스 같은 데이터 소스로의 접근을 추상화하고 캡슐화한다.

정보 응집은 여러 기능을 그룹화하면서, 필요한 일부 기능을 포함하는 클래스 전체를 디펜던시dependency로 추가한다는 약점이 있다.

## 유틸리티

때로는 관련성이 없는 메서드를 한 클래스로 포함시켜야 한다. 특히 메서드가 어디에 속해야 할지 결정하기 어려울 때는 만능 스위스 군용 칼과 같은 **유틸리티 클래스**<sup>utility class</sup>에 추가하기도 한다.

유틸리티 클래스 사용은 낮은 응집도로 이어지므로 자제해야 한다. 메서드가 서로 연관성이 없으므로 클래스 전체의 기능을 추론하기가 어렵다. 더욱이 유틸리티 클래스에서는 특징을 찾기가 어렵다. 쉽게 코드를 찾고, 어떻게 사용할 수 있는지 이해하기 쉽도록 만들어야 한다. 하지만 유틸리티 클래스는 관련성이 없는 여러 메서드를 명확하지 않은 기준으로 그룹화하므로 이 원칙을 거스른다.

## 논리

CSV, JSON, XML의 자료를 파싱하는 코드를 구현해보자. [예제 2-10]에서는 파싱을 수행하는 코드를 한 클래스로 그룹화한다.

예제 2-10 논리 응집 예제

```java
public class BankTransactionParser {

    public BankTransaction parseFromCSV(final String line) {
        // ...
        throw new UnsupportedOperationException();
    }

    public BankTransaction parseFromJSON(final String line) {
        // ...
        throw new UnsupportedOperationException();
    }

    public BankTransaction parseFromXML(final String line) {
        // ...
        throw new UnsupportedOperationException();
    }
}
```

예제에서 네 개의 메서드는 '파싱'이라는 논리로 그룹화되었다. 하지만 이들은 본질적으로 다르며 네 메서드는 서로 관련이 없다. 또한 이렇게 그룹화하면, 클래스는 네 가지 책임을 갖게 되므로 이전에 배웠던 SRP를 위배한다. 결과적으로 이 방법은 권장하지 않는다.

2.8절에서는 높은 응집도를 유지하면서 다양한 파싱 구현을 제공하는 데 사용할 수 있는 결합도를 소개한다.

## 순차

파일을 읽고, 파싱하고, 처리하고, 정보를 저장하는 메서드들을 한 클래스로 그룹화한다. 파일을 읽은 결과는 파싱의 입력이 되고, 파싱의 결과는 처리 과정의 입력이 되는 등의 과정이 반복된다.

입출력이 순차적으로 흐르는 것을 순차 응집이라 부른다. 순차 응집은 여러 동작이 어떻게 함께 수행되는지 쉽게 이해할 수 있다. 안타깝게도 실전에서 순차 응집을 적용하면 한 클래스를 바꿔야 할 여러 이유가 존재하므로 SRP를 위배한다. 더욱이 데이터를 처리, 요약, 저장하는 방법이 다양하므로 결국 이 기법은 클래스를 순식간에 복잡하게 만든다.

따라서 각 책임을 개별적으로 응집된 클래스로 분리하는 것이 더 좋은 방법이다.

## 시간

시간 응집 클래스는 여러 연산 중 시간과 관련된 연산을 그룹화한다. 어떤 처리 작업을 시작하기 전과 뒤에 초기화, 뒷정리 작업(예를 들어 데이터베이스 연결과 종료)을 담당하는 메서드를 포함하는 클래스가 그 예다. 초기화 작업은 다른 작업과 관련이 없지만, 다른 작업보다 먼저 실행되어야 한다.

표 2-1 다양한 응집도 수준과 장단점

| 응집도 수준 | 장점 | 단점 |
| --- | --- | --- |
| 기능(높은 응집도) | 이해하기 쉬움 | 너무 단순한 클래스 생성 |
| 정보(중간 응집도) | 유지보수하기 쉬움 | 불필요한 디펜던시 |
| 순차(중간 응집도) | 관련 동작을 찾기 쉬움 | SRP를 위배할 수 있음 |
| 논리(중간 응집도) | 높은 수준의 카테고리화 제공 | SRP를 위배할 수 있음 |
| 유틸리티(낮은 응집도) | 간단히 추가 가능 | 클래스의 책임을 파악하기 어려움 |
| 시간(낮은 응집도) | 판단 불가 | 각 동작을 이해하고 사용하기 어려움 |

## 2.7.2 메서드 수준 응집도

응집도 원칙은 클래스뿐만 아니라 메서드에도 적용할 수 있다. 메서드가 다양한 기능을 수행할수록 메서드가 어떤 동작을 하는지 이해하기가 점점 어려워진다. 즉 메서드가 연관이 없는 여러 일을 처리한다면 응집도가 낮아진다. 응집도가 낮은 메서드는 여러 책임을 포함하기 때문에 각 책임을 테스트하기가 어렵고, 메서드의 책임도 테스트하기가 어렵다. 일반적으로 클래스나 메서드 파라미터의 여러 필드를 바꾸는 if/else 블록이 여러 개 포함되어 있다면, 이는 응집도에 문제가 있음을 의미하므로 응집도가 높은 더 작은 조각으로 메서드를 분리해야 한다.

# 2.8 결합도

코드를 구현할 때 고려해야 할 또 다른 중요한 특성으로 **결합도**coupling가 있다. 응집도는 클래스, 패키지, 메서드 등의 동작이 얼마나 관련되어 있는가를 가리키는 반면, 결합도는 한 기능이 다른 클래스에 얼마나 의존하고 있는지를 가늠한다. 결합도는 어떤 클래스를 구현하는 데 얼마나 많은 지식(다른 클래스)을 참조했는가로 설명할 수 있다. 더 많은 클래스를 참조했다면 기능을 변경할 때 그만큼 유연성이 떨어진다. 어떤 클래스의 코드를 바꾸면 이 클래스에 의존하는 모든 클래스가 영향을 받는다.

시계를 생각하면 결합도를 쉽게 이해할 수 있다. 시계가 어떻게 동작하는지 몰라도 시간을 알아내는 데 문제가 없다. 즉 사람은 시계 내부 구조에 의존하지 않기 때문이다. 따라서 시계 내부 구조를 바꾸더라도 사람이 시계를 읽는 데 영향을 받지 않는다. 이는 두 가지 임무인 인터페이스와 구현이 서로 결합되지 않았기decoupled 때문이다.

결합도는 코드가 서로 **어떻게 의존하는지**와 관련이 있는 척도다. 예제에서 BankStatement Analyzer는 BankStatementCSVParser 클래스에 의존한다. 만약 JSON 항목으로 인코딩된 거래 내역을 파싱할 수 있도록 파서 구현을 바꾸려면 어떻게 해야 할까? XML 항목을 지원하려면 어떻게 해야 할까? 성가신 리팩터링 작업을 해야 한다. 인터페이스를 이용해 여러 컴포넌트의 결합도를 제거할 수 있으니 걱정하지 말자. 인터페이스를 이용하면 요구 사항이 바뀌더라도 유연성을 유지할 수 있다.

먼저 입출금 내역 파서를 어떻게 사용하는지 정의하는 인터페이스를 만들어야 한다. 이때, [예제 2-11]처럼 세부 구현은 필요 없다.

**예제 2-11** 입출금 내역을 파싱하는 인터페이스 정의

```
public interface BankStatementParser {
    BankTransaction parseFrom(String line);
    List<BankTransaction> parseLinesFrom(List<String> lines);
}
```

여기서 **BankStatementCSVParser**는 위에서 정의한 인터페이스를 구현한다.

```
public class BankStatementCSVParser implements BankStatementParser {
    // ...
}
```

그런데 **BankStatementAnalyzer**와 특정 **BankStatementCSVParser** 구현의 결합을 어떻게 제거할 수 있을까? 이때 인터페이스를 사용한다. **BankTransactionParser**를 인수로 받는 **analyze()** 메서드를 새로 만들어 특정 구현에 종속되지 않도록 클래스를 개선한다(예제 2-12).

**예제 2-12** BankStatementAnalyzer에서 특정 파서와의 결합 제거

```
public class BankStatementAnalyzer {
    private static final String RESOURCES = "src/main/resources/";

    public void analyze(final String fileName, final BankStatementParser
bankStatementParser)
    throws IOException {

        final Path path = Paths.get(RESOURCES + fileName);
        final List<String> lines = Files.readAllLines(path);

        final List<BankTransaction> bankTransactions = bankStatementParser.
parseLinesFrom(lines);

        final BankStatementProcessor bankStatementProcessor = new BankStatementProcesso
r(bankTransactions);

        collectSummary(bankStatementProcessor);
```

```
    }

    // ...
}
```

이제 BankStatementAnalyzer 클래스가 더 이상 특정 구현에 종속되지 않도록 개선되었으므로 요구 사항이 바뀌어도 쉽게 대응할 수 있다. [그림 2-1]은 두 클래스의 결합을 제거했을 때 디펜던시가 어떻게 변하는지 보여준다.

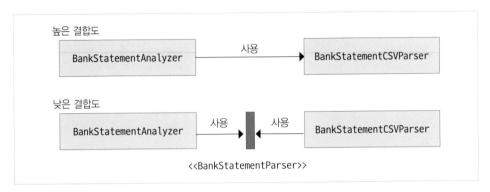

**그림 2-1** 두 클래스의 결합 제거

[예제 2-13]처럼 메인 응용프로그램에서 지금까지 구현한 코드를 사용한다.

**예제 2-13** 메인 응용프로그램

```
public class MainApplication {

    public static void main(final String... args) throws IOException {

        final BankStatementAnalyzer bankStatementAnalyzer
                = new BankStatementAnalyzer();

        final BankStatementParser bankStatementParser
                = new BankStatementCSVParser();

        bankStatementAnalyzer.analyze(args[0], bankStatementParser);

    }
}
```

보통 코드를 구현할 때는 **결합도를 낮춰야**<sup>low coupling</sup> 한다. 이는 코드의 다양한 컴포넌트가 내부와 세부 구현에 의존하지 않아야 함을 의미한다. 반대로 **높은 결합도**<sup>high coupling</sup>는 무조건 피해야 한다.

# 2.9 테스트

어떤 소프트웨어를 구현한 후 응용프로그램을 여러 번 실행하면서 잘 동작하는지 확인해봤을 것이다. 하지만 코드가 항상 잘 동작하는지 어떻게 확신할 수 있을까? 고객의 요구 사항을 충족했음을 무엇으로 보장할 수 있을까? 2.9절에서는 테스트 방법을 배우고, 자바 테스트 프레임워크에서 가장 인기 있고 많이 사용하는 **제이유닛**<sup>JUnit</sup>을 이용해 자동화된 첫 번째 테스트를 구현한다.

## 2.9.1 테스트 자동화

테스트 자동화라는 말은 재미있는 코드 구현과는 조금 거리가 있는 말처럼 들릴 수 있다. 왜 테스트 자동화를 신경 써야 할까?

안타깝게도 소프트웨어를 개발할 때, 첫 시도에 소프트웨어가 제대로 동작하는 일은 거의 없다. 따라서 시간이 흐르면서 테스트의 필요성은 명확해진다. 만약 새로운 자동 비행 소프트웨어가 실제로 동작하는지를 테스트하지도 않고 출시된다면 상상할 수 있겠는가?

하지만 수동 테스트에만 의존하면 안 된다. 자동화된 테스트에서는 사람의 조작 없이 여러 테스트가 포함된 스위트<sup>suite</sup>가 자동으로 실행된다. 즉 여러분이 코드를 바꿨을 때, 지정된 테스트가 빠르게 실행되므로 소프트웨어가 예상하지 못한 문제를 일으키지 않고 제대로 동작할 거라는 확신을 조금 더 가질 수 있다. 상업용으로 소프트웨어를 개발하는 전문 개발자는 보통 수백 또는 수천 개의 자동화된 테스트를 실행한다.

여기서는 좋은 소프트웨어를 개발하는 데 테스트가 왜 중요한지를 명확하게 이해할 수 있도록 테스트 자동화의 장점을 간단히 소개한다.

## 확신

소프트웨어가 규격 사양과 일치하며 동작하는지를 테스트해 고객의 요구 사항을 충족하고 있다는 사실을 더욱 확신할 수 있다. 테스트 규격 사양과 결과를 고객에게 증거로 제공할 수도 있다. 즉 테스트가 고객의 사양이 된다.

## 변화에도 튼튼함 유지

코드를 바꿨을 때 소프트웨어의 다른 부분을 실수로 망가뜨리지 않았는지 어떻게 알 수 있을까? 코드가 많지 않으면 문제를 쉽게 확인할 수 있다. 하지만 코드베이스에 수백만 행의 코드가 있다면 얘기가 달라진다. 동료가 코드를 수정했을 때, 문제가 발생하지 않을 거라는 걸 어떻게 확신할 수 있을까? 자동화된 테스트 스위트가 있다면 바꾼 코드로 인해 새로운 버그가 발생하지 않았음을 확인하는 데 큰 도움이 된다.

## 프로그램 이해도

테스트 자동화는 소스코드의 프로젝트에서 다양한 컴포넌트가 어떻게 동작하는지 이해하는 데 도움을 준다. 테스트는 다양한 컴포넌트의 디펜던시와 이들이 어떻게 상호작용하는지를 명확하게 드러낸다. 따라서 소프트웨어의 전체 개요를 빨리 파악할 수 있다. 여러분이 새 프로젝트에 투입되었다면 다양한 컴포넌트의 개요를 어디서부터 확인할 수 있을까? 바로 자동화된 테스트부터 살펴보면 좋다.

## 2.9.2 제이유닛 사용하기

이제 독자 여러분도 테스트 자동화를 구현해야 하는 이유를 확실히 이해했을 것이다. 2.9.2절에서는 인기 있는 자바 프레임워크인 **제이유닛**을 이용해 자동화된 첫 번째 테스트를 만드는 방법을 배운다. 테스트를 구현하는 데 시간이 걸리고, 테스트 코드도 정식 코드의 일부이기 때문에 테스트의 유지보수도 꾸준히 신경 써야 한다. 하지만 2.9.1절에서 설명했듯이 테스트 구현은 단점보다 장점이 훨씬 크다. 메서드나 작은 클래스처럼 작고 고립된 단위(유닛unit)를 테스트하는 **유닛 테스트**unit test를 구현하는 방법을 알아보자. 여러분은 이 책에서 좋은 테스트를 구현하는 방법을 배울 것이다. 이제부터 BankStatementCSVParser를 테스트하는 간단한 코드를 어떻게 구현하는지 살펴보자.

## 테스트 메서드 정의하기

먼저 '테스트 코드를 어느 위치에 구현해야 하는가?'라는 질문이 생긴다. 메이븐Maven과 그레이들Gradle 빌드 도구에서는 src/main/java에 코드를 저장하고 src/test/java에 테스트 클래스를 저장하는 것이 기본 규칙이다. 또한 프로젝트에 제이유닛 라이브러리를 디펜던시로 추가해야 한다. 3장에서 메이븐과 그레이들로 프로젝트를 구성하는 방법을 배운다.

[예제 2-14]는 BankStatementCSVParser를 테스트하는 간단한 코드이다.

> **NOTE_** BankStatementCSVParserTest 테스트 클래스는 Test라는 접미어를 포함한다. 접미어가 꼭 필요한 것은 아니지만, 개발자에게 이 클래스가 어떤 클래스인지 힌트를 주기도 한다.

예제 2-14 CSV 파서의 유닛 테스트가 실패하는 경우

```
import org.junit.Assert;
import org.junit.Test;
public class BankStatementCSVParserTest {

    private final BankStatementParser statementParser = new BankStatementCSVParser();

    @Test
    public void shouldParseOneCorrectLine() throws Exception {
        Assert.fail("Not yet implemented");
    }

}
```

위 코드에는 새로운 부분이 많으니 하나씩 살펴보자.

- 유닛 테스트 클래스는 BankStatementCSVParserTest라는 보통 클래스다. 보통 테스트 클래스명에는 Test라는 접미어를 붙이는 것이 관습이다.
- 클래스는 shouldParseOneCorrectLine()이라는 하나의 메서드를 선언한다. 테스트 메서드의 구현 코드를 보지 않고도 무엇을 테스트하는지 쉽게 알 수 있도록 서술적인 이름을 붙이는 것이 좋다.
- 제이유닛의 애너테이션인 @Test를 테스트 메서드에 추가한다. 이 애너테이션으로 해당 메서드가 유닛 테스트의 실행 대상임을 지정한다. 비공개 헬퍼 메서드를 테스트 클래스에 선언할 수 있지만, 테스트 러너runner는 이런 메서드를 실행하지 않는다.

- 메서드 바디에서 Assert.fail("Not yet implemented")를 호출해 메서드를 실행하면, Not yet implemented라는 문구와 함께 유닛 테스트가 실패한다. 제이유닛에서 제공하는 여러 어서션assertion 연산을 이용해 유닛 테스트를 구현하는 방법은 잠시 뒤에 설명한다.

여러분이 선호하는 빌드 도구(예를 들어 메이븐이나 그레이들)나 IDE로 테스트를 직접 실행할 수 있다. 예를 들어 인텔리제이Intellij IDE에서 테스트를 실행하면 [그림 2-2]와 같은 결과가 나타난다. Not yet implemented 문구가 나타나고 테스트에 실패했음을 알 수 있다. BankStatementCSVParser가 제대로 동작한다는 확신을 높일 수 있도록 실제로 유용한 테스트를 구현해보자.

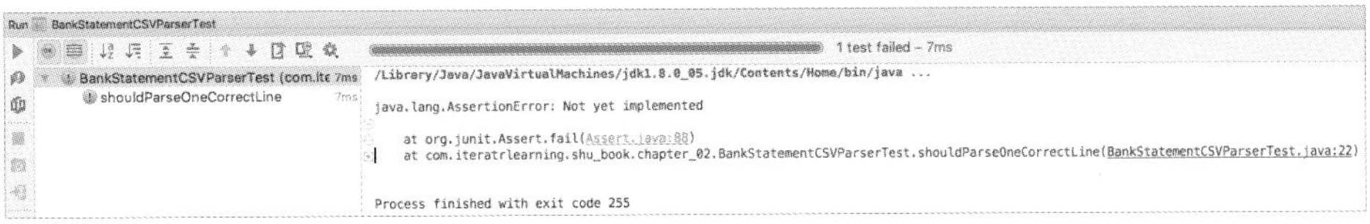

그림 2-2 인텔리제이 IDE에서 유닛 테스트를 실행한 결과

## Assert 구문

방금 전에 Assert.fail() 메서드를 배웠다. 이는 제이유닛의 **Assert 구문** 중 하나이며 정적 메서드를 제공한다. 제이유닛은 특정 조건을 테스트하는 다양한 Assert 구문을 제공한다. Assert 구문으로 어떤 연산의 결과와 여러분이 예상한 결과를 비교할 수 있다.

Assert.assertEquals() 같은 정적 메서드도 있다. 이 메서드를 활용해 parseFrom() 구현이 특정 입력을 제대로 처리하는지 테스트하는 코드를 [예제 2-15]와 같이 구현한다.

예제 2-15 어서션 구문 사용하기

```
@Test
public void shouldParseOneCorrectLine() throws Exception {
    final String line = "30-01-2017,-50,Tesco";

    final BankTransaction result = statementParser.parseFrom(line);

    final BankTransaction expected
        = new BankTransaction(LocalDate.of(2017, Month.JANUARY, 30), -50, "Tesco");
    final double tolerance = 0.0d;
```

```
    Assert.assertEquals(expected.getDate(), result.getDate());
    Assert.assertEquals(expected.getAmount(), result.getAmount(), tolerance);
    Assert.assertEquals(expected.getDescription(), result.getDescription());
}
```

여기서는 다음 세 가지 일이 벌어지고 있다.

1. 테스트의 콘텍스트context를 설정한다. 예제에서는 파싱할 행을 설정한다.

2. 동작을 실행한다. 예제에서는 입력 행을 파싱한다.

3. 예상된 결과를 어서션으로 지정한다. 예제에서는 날짜, 금액, 설명이 제대로 파싱되었는지 확인한다.

이와 같은 유닛 테스트 설정의 세 단계 패턴을 **Given-When-Then** 공식이라 부른다. 여러분도 이 패턴에 따라 테스트를 세 부분으로 분리하는 것이 좋다. 그래야 테스트가 무엇을 수행하는 지 쉽게 이해할 수 있기 때문이다.

테스트를 다시 실행하면 [그림 2-3]에서 보여주는 것처럼 테스트가 성공했음을 가리키는 멋진 녹색 막대바가 나타난다.

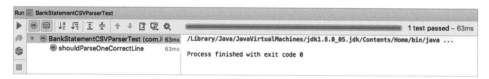

**그림 2-3** 유닛 테스트 실행이 성공적으로 끝남

[표 2-2]는 이용할 수 있는 다양한 어서션 구문을 요약한 내용이다.

**표 2-2** 어서션 구문

| 어서션 구문 | 용도 |
| --- | --- |
| Assert.fail(message) | 메서드 실행 결과를 실패로 만듦. 테스트 코드를 구현하기 전에 플레이스홀더placeholder로 유용하게 활용 가능 |
| Assert.assertEquals(expected, actual) | 두 값이 같은지 테스트 |
| Assert.assertEquals(expected, actual, delta) | 두 float이나 double이 delta 범위 내에서 같은지 테스트 |
| Assert.assertNotNull(object) | 객체가 null이 아닌지 테스트 |

### 2.9.3 코드 커버리지

첫 코드를 구현했고 완벽하게 동작했다! 하지만 한 개의 테스트 코드로 충분한지 어떻게 알 수 있을까? **코드 커버리지**<sup></sup>code coverage는 테스트 집합이 소프트웨어의 소스코드를 얼마나 테스트했는가를 가리키는 척도다. 커버리지가 높을수록 예상하지 못한 버그가 발생할 확률이 낮아지므로 되도록 커버리지를 높이는 것을 목표로 삼아야 한다. 몇 퍼센트의 커버리지가 좋은지는 정해지지 않았지만, 보통 70에서 90퍼센트를 목표로 정할 것을 권한다. 실제 100퍼센트의 코드 커버리지를 달성하는 것은 어렵고 무모한 일이다. 코드에는 게터, 세터 같이 테스트할 필요가 없는 메서드도 많기 때문이다.

코드 커버리지가 높다고 해서 여러분이 소프트웨어를 잘 테스트하고 있음을 의미하는 것은 아니다. 코드 커버리지는 여러분이 테스트하지 않은 부분이 남아 있음을 알려주는 역할에 지나지 않기 때문에 테스트의 품질과는 아무 관련이 없다. 여러분의 간단한 테스트로 코드를 커버했을 수는 있지만, 실제 문제가 많이 발생하는 상황을 테스트하지 않았을 수도 있기 때문이다.

자바에서는 **자코코**JaCoCo, **에마**Emma, **코베르투라**Cobertura 같은 코드 커버리지 도구를 많이 사용한다. 사람들은 얼마나 많은 구문의 코드를 커버했는지를 의미하는 **구문 커버리지**line coverage에 대해 자주 이야기한다. 이 기법에는 분기문(if, while, for)을 한 구문으로 취급해버리는 치명적인 약점이 있다. 사실 분기문에는 가능한 여러 개의 경로가 있기 때문이다. 따라서 구문 커버리지보다 각 분기문을 확인하는 **분기 커버리지**branch coverage를 사용하는 것이 좋다.

## 2.10 총정리

- 갓 클래스와 코드 중복은 코드를 추론하고 유지보수하기 어렵게 만드는 요인이다.
- 단일 책임 원칙은 관리하고 유지보수하기 쉬운 코드를 구현하는 데 도움을 준다.
- 응집도는 클래스나 메서드의 책임이 얼마나 강하게 연관되어 있는지를 가리킨다.
- 결합도는 클래스가 다른 코드 부분에 얼마나 의존하고 있는지를 가리킨다.
- 높은 응집도와 낮은 결합도는 유지보수가 가능한 코드가 가져야 할 특징이다.
- 자동화된 테스트 스위트는 소프트웨어가 올바로 동작하며, 코드를 수정해도 잘 동작할 것임을 확신할 수 있고, 프로그램을 쉽게 이해할 수 있도록 도움을 준다.

- 자바 테스트 프레임워크로 제이유닛을 활용해 메서드와 클래스의 동작을 테스트하는 유닛 테스트를 만든다.
- 테스트를 쉽게 이해할 수 있도록 Given-When-Then 패턴으로 유닛 테스트를 세 부분으로 분리하는 것이 좋다.

## 2.11 되새김

여러분의 지식을 조금 더 넓히고, 탄탄히 만들기 위해 아래의 내용을 도전해보자.

- CSV 파서를 테스트하는 유닛 테스트를 몇 개 더 추가해보자.
- 특정 날짜 범위에서 최대, 최소 거래 내역을 찾는 다양한 집계 연산을 추가해보자.
- 월별, 설명별로 지출을 그룹화한 히스토그램을 반환해보자.

## 2.12 도전 과제를 완료하며

마크 버그저커는 여러분의 첫 번째 입출금 내역 분석기 결과물에 매우 만족했다. 그는 매우 기뻐하며 응용프로그램에 몇 가지 기능을 추가해달라고 요청했다. 마크의 요구 사항은 읽기, 파싱, 처리, 요약 기능을 조금 더 확장하는 것이다. 마크는 JSON을 좋아한다고 이야기했고, 우리의 테스트가 조금 제한적이라는 점과 몇 가지 버그도 발견했다.

3장에서는 새롭게 등장한 요구 사항과 문제를 해결하기 위해 예외 처리, 개방/폐쇄 원칙, 빌드 도구를 이용해 자바 프로젝트를 구현하는 방법을 배워본다.

# CHAPTER 3

# 입출금 내역 분석기 확장판

## 3.1 도전 과제

마크 버그저커는 2장에서 여러분이 구현한 결과에 매우 만족했다. 여러분은 제품을 시험해볼 수 있는 기본적인 입출금 내역 분석기를 만들었다. 성공적인 결과 덕분에 마크 버그저커는 이 제품을 개선할 수 있다고 확신하며 여러분에게 여러 기능을 지원하는 새 버전을 요청했다.

## 3.2 목표

2장에서는 CSV 형식의 입출금 내역을 분석하는 응용프로그램을 만들었다. 이 과정에서 유지 보수할 수 있는 코드를 만드는 데 도움이 되는 핵심 디자인 원칙 즉, 단일 책임 원칙, 피해야 할 안티 패턴(갓 클래스와 코드 중복 등)을 배웠다. 코드를 점진적으로 리팩터링하는 과정에서 결합도(다른 클래스에 얼마나 의존하는지)와 응집도(클래스의 코드가 서로 얼마나 관련되어 있는지)도 배웠다.

하지만 현재 응용프로그램의 기능은 상당히 제한적이다. 다양한 종류의 입출금 내역을 검색하고, 여러 포맷을 지원하고, 처리하며 텍스트, HTML 등의 형식으로 리포트를 멋지게 내보내려면 무엇이 필요할까?

3장에서는 소프트웨어 개발 여정의 깊숙한 곳으로 탐험한다. 먼저 코드베이스에 유연성을 추가하고 유지보수성을 개선하는 데 도움을 주는 **개방/폐쇄 원칙**open/closed principle (OCP)을 배운다. 또한 언제 인터페이스를 사용해야 좋을지를 설명하는 일반적인 가이드라인과 높은 결합도를 피할 수 있는 기법도 배운다. 자바에서 언제 API에 예외를 포함하거나 포함하지 않을지를 결정하는 자바의 예외 처리 방법을 배운다. 마지막으로 메이븐, 그레이들 같은 검증된 빌드 도구를 이용해 자바 프로젝트를 시스템적systematically으로 빌드하는 방법도 배워본다.

> **NOTE_** 3장에서 소개하는 소스코드는 코드 저장소의 `com.iteratrlearning.shu_book.chapter_03` 패키지를 참고하자.

## 3.3 확장된 입출금 내역 분석기 요구 사항

여러분은 마크 버그저커와 환담을 나누며 입출금 내역 분석기의 두 번째 요구 사항을 수집했다. 그는 응용프로그램에서 제공하는 기능을 확장하고 싶어 한다. 현재 응용프로그램은 특정 월이나 범주의 합계만 조회할 수 있도록 기능이 한정되어 있다. 마크는 다음 두 가지 새 기능을 요구했다.

1. 특정 입출금 내역을 검색할 수 있는 기능. 예를 들어 주어진 날짜 범위 또는 특정 범주의 입출금 내역 얻기.
2. 검색 결과의 요약 통계를 텍스트, HTML 등 다양한 형식으로 만들기.

이제부터 순서대로 작업을 진행해보자.

## 3.4 개방/폐쇄 원칙

간단한 기능부터 구현한다. 특정 금액 이상의 모든 입출금 내역을 검색하는 메서드를 구현해보자. '이 메서드를 어디에 정의해야 할까?'라는 의문이 먼저 떠오른다. 간단한 `findTransactions()` 메서드를 포함하는 `BankTransactionFinder` 클래스를 따로 만들 수 있다. 하지만 2장에서 이미 BankTransactionProcessor 클래스를 선언했다. 그럼 어떻게 해야 할까? 지금과 같은 상황에서는 메서드를 추가하려고 클래스를 새로 만들어도 크게 좋은 점이 없다. 새로 클래스를 추가한 탓에 여러 이름이 생기면서 다양한 동작 간의 관계를 이해하기가 어려워지고 전체 프로젝트가 복잡해지기 때문이다. 이런 메서드는 일종의 처리 기능을 담당하므로 BankTransactionProcessor 클래스 안에 정의하면 나중에 관련 메서드를 조금 더 쉽게 찾을 수 있다. 이제 메서드를 정의할 위치를 결정했으니 [예제 3-1]에서 보여주는 것처럼 메서드를 구현한다.

**예제 3-1** 특정 금액 이상의 은행 거래 내역 찾기

```java
public List<BankTransaction> findTransactionsGreaterThanEqual(final int amount) {
    final List<BankTransaction> result = new ArrayList<>();
    for(final BankTransaction bankTransaction: bankTransactions) {
        if(bankTransaction.getAmount() >= amount) {
            result.add(bankTransaction);
        }
    }
    return result;
}
```

코드는 의도대로 잘 동작한다. 하지만 특정 월을 검색하려면 어떻게 해야 할까? [예제 3-2]에서 볼 수 있듯이 비슷한 메서드를 복제해 이 기능을 구현한다.

**예제 3-2** 특정 월의 입출금 내역 찾기

```java
public List<BankTransaction> findTransactionsInMonth(final Month month) {
    final List<BankTransaction> result = new ArrayList<>();
    for(final BankTransaction bankTransaction: bankTransactions) {
        if(bankTransaction.getDate().getMonth() == month) {
            result.add(bankTransaction);
        }
    }
    return result;
}
```

3장에서 이미 코드 중복 문제를 살펴봤다. 중복 코드는 소프트웨어를 불안정하게 만드는데, 특히 요구 사항이 자주 바뀔수록 영향이 커진다. 예를 들어 반복하면서 수행하는 로직을 바꾸려

면 여러 장소에서 이를 모두 찾아 바꿔야 한다.

이런 접근 방법으로는 복잡한 요구 사항을 만족시키기가 어렵다. 특정 월 또는 특정 금액으로 입출금 내역을 검색하려면 어떻게 해야 할까? [예제 3-3]처럼 새로운 요구 사항을 구현해보자.

예제 3-3 특정 월이나 금액으로 입출금 내역 검색하기

```java
public List<BankTransaction> findTransactionsInMonthAndGreater(final Month month, final
int amount) {
    final List<BankTransaction> result = new ArrayList<>();
    for(final BankTransaction bankTransaction: bankTransactions) {
        if(bankTransaction.getDate().getMonth() == month && bankTransaction.getAmount()
>= amount) {
            result.add(bankTransaction);
        }
    }
    return result;
}
```

확실히 이 방식에는 여러 한계가 있다.

- 거래 내역의 여러 속성을 조합할수록 코드가 점점 복잡해진다.
- 반복 로직과 비즈니스 로직이 결합되어 분리하기가 어려워진다.
- 코드를 반복한다.

개방/폐쇄 원칙은 이런 상황에 적용한다. 개방/폐쇄 원칙을 적용하면 코드를 직접 바꾸지 않고 해당 메서드나 클래스의 동작을 바꿀 수 있다. 위 예제에 이 원칙을 적용하면 findTransactions() 메서드의 코드를 복사하거나 새 파라미터를 추가하는 등 코드를 바꾸지 않고도 동작을 확장할 수 있다. 이런 일이 정말 가능할까? 이전에도 설명했듯이 현재 코드에는 반복 로직과 비즈니스 로직이 결합되어 있다. 2장에서는 인터페이스를 이용해 이런 결합을 제거할 수 있다고 배웠다. 이 예제에서는 [예제 3-4]에서 보여주는 것처럼 비즈니스 로직을 담당하는 BankTransactionFilter 인터페이스를 만들어 문제를 해결한다. BankTransactionFilter 인터페이스는 완료된 BankTransaction 객체를 인수로 받아 불리언boolean을 반환하는 test() 메서드 한 개를 포함한다. 여기서 test() 메서드는 BankTransaction의 모든 속성에 접근할

수 있으므로 이를 이용해 특정 조건의 참, 거짓 여부를 판단한다.

> **NOTE_** 한 개의 추상 메서드를 포함하는 인터페이스를 **함수형 인터페이스**라 부르며 자바 8에서 처음 이 용어를 소개했다. @FunctionalInterface 애너테이션을 이용하면 인터페이스의 의도를 더 명확하게 표현할 수 있다.

예제 3-4 BankTransactionFilter 인터페이스

```
@FunctionalInterface
public interface BankTransactionFilter {
    boolean test(BankTransaction bankTransaction);
}
```

> **NOTE_** 자바 8에서는 이와 같은 문제를 더욱 쉽게 해결할 수 있도록 java.util.function.Predi cate<T>라는 제네릭generic 인터페이스를 제공한다. 하지만 책의 초반부에서 너무 많은 새로운 기능을 소개하면 독자 여러분이 정말 필요한 내용에 집중하기 어려울 수 있으므로 새로운 기능을 굳이 사용하지 않았다.

BankTransactionFilter 인터페이스는 BankTransaction의 선택 조건을 결정한다. [예제 3–5]에서 보여주는 것처럼 BankTransactionFilter 인터페이스를 이용하도록 findTransactions() 메서드를 리팩터링한다. 새로운 인터페이스를 이용해 반복 로직과 비즈니스 로직의 결합을 제거하는 과정이므로 이는 상당히 중요한 리팩터링이다. findTransactions() 메서드는 더 이상 특정 필터 구현에 의존하지 않는다. 기존 메서드의 바디를 바꿀 필요 없이 새로운 구현을 인수로 전달하기 때문이다. 따라서 변경 없이도closed 확장성은 개방open된다. 이런 방식으로 기능을 확장하면 기존에 이미 구현하고 검증한 코드를 바꾸는 일을 최소화할 수 있으므로 새로운 버그가 발생할 만한 대상을 줄일 수 있다. 예전 코드를 바꾸지 않고도 새로운 기능을 추가할 수 있기 때문이다.

예제 3-5 개방/폐쇄 원칙을 적용한 후 유연해진 findTransactions() 메서드

```
public List<BankTransaction> findTransactions(final BankTransactionFilter
bankTransactionFilter) {
```

```
    final List<BankTransaction> result = new ArrayList<>();
    for(final BankTransaction bankTransaction: bankTransactions) {
        if(bankTransactionFilter.test(bankTransaction)) {
            result.add(bankTransaction);
        }
    }
    return result;
}
```

## 3.4.1 함수형 인터페이스 인스턴스 만들기

여러분이 BankTransactionProcessor에 정의한 findTransactions() 메서드가 BankTransactionFilter 구현을 사용해 새로운 요구 사항을 완벽히 구현해 마크 버그저커는 매우 기쁘다. 이제 [예제 3-6]에서 보여주는 것처럼 새로운 요구 사항에 맞는 필터를 구현한 후, 이를 [예제 3-7]처럼 findTransactions() 메서드의 인수로 필터의 인스턴스를 전달한다.

예제 3-6 BankTransactionFilter를 구현하는 클래스 선언

```
class BankTransactionIsInFebruaryAndExpensive implements BankTransactionFilter {

    @Override
    public boolean test(final BankTransaction bankTransaction) {
        return bankTransaction.getDate().getMonth() == Month.FEBRUARY
                && bankTransaction.getAmount() >= 1_000);
    }
}
```

예제 3-7 특정 BankTransactionFilter 구현으로 findTransactions() 호출

```
final List<BankTransaction> transactions
    = bankStatementProcessor.findTransactions(new BankTransactionIsInFebruaryAndExpensive());
```

### 3.4.2 람다 표현식

하지만 새로운 요구 사항이 있을 때마다 별도의 클래스를 만들어야 한다. 이는 큰 의미가 없는 코드를 반복해서 만드는 귀찮은 작업이다. 자바 8부터는 [예제 3-8]처럼 **람다 표현식**을 사용할 수 있다. 우선은 람다 표현식의 문법과 언어 기능은 크게 걱정하지 말자. 람다 표현식과 **메서드 레퍼런스**method reference 같은 관련 언어 기능은 7장에서 자세히 설명한다. 일단은 람다 표현식을 이용해 이름 없이 인터페이스 구현 객체를 코드 블록 형태로 전달할 수 있다는 것만 이해하자. bankTransaction은 파라미터 이름이며 오른쪽 화살표(->)는 람다 표현식의 파라미터와 바디를 구분한다. 예제에서는 입출금 내역을 선택해야 하는지 아닌지를 판단하는 코드로 람다 표현식을 활용해 바디를 구현한다.

**예제 3-8** 람다 표현식으로 BankTransactionFilter 구현하기

```
final List<BankTransaction> transactions
    = bankStatementProcessor.findTransactions(bankTransaction ->
            bankTransaction.getDate().getMonth() == Month.FEBRUARY
            && bankTransaction.getAmount() >= 1_000);
```

요약하자면, 다음과 같은 장점 덕분에 개방/폐쇄 원칙을 사용한다.

- 기존 코드를 바꾸지 않으므로 기존 코드가 잘못될 가능성이 줄어든다.
- 코드가 중복되지 않으므로 기존 코드의 재사용성이 높아진다.
- 결합도가 낮아지므로 코드 유지보수성이 좋아진다.

## 3.5 인터페이스 문제

지금까지 주어진 조건을 만족하는 거래 내역을 검색하도록 유연한 메서드를 만들었다. 리팩터링을 하고 나니 BankTransactionProcessor 클래스 안의 다른 메서드는 어떻게 되는 건지 의문이 생긴다. 인터페이스로 이들을 옮겨야 할까? 아니면 다른 클래스로 옮기는 게 좋을까? 결국 2장에서 구현한 서로 다른 세 개의 메서드를 어떻게 처리하느냐의 문제가 남았다.

- calculateTotalAmount()

- calculateTotalInMonth()

- calculateTotalForCategory()

한 인터페이스에 모든 기능을 추가하는 **갓 인터페이스**<sup>god interface</sup>를 만드는 일은 피해야 한다.

### 3.5.1 갓 인터페이스

여러분은 BankTransactionProcessor 클래스가 API 역할을 한다고 생각할 수 있다. 결과적
으로 [예제 3-9]에서 보여주는 것처럼 여러 입출금 내역 분석기 구현에서 결합을 제거하도록
인터페이스를 정의해야 한다. 이 인터페이스는 입출금 내역 분석기가 구현해야 할 모든 기능을
포함한다.

**예제 3-9** 갓 인터페이스

```
interface BankTransactionProcessor {
    double calculateTotalAmount();
    double calculateTotalInMonth(Month month);
    double calculateTotalInJanuary();
    double calculateAverageAmount();
    double calculateAverageAmountForCategory(Category category);
    List<BankTransaction> findTransactions(BankTransactionFilter
bankTransactionFilter);
}
```

하지만 이 접근 방식에는 몇 가지 문제가 있다. 우선 모든 헬퍼 연산이 명시적인 API 정의에 포
함되면서 인터페이스가 복잡해진다. 또한 2장에서 살펴본 갓 클래스와 비슷한 인터페이스가
만들어진다. 실제로 위 예제의 인터페이스는 모든 연산을 담당하고, 심지어 두 가지 형식의 결
합이 발생한다.

- 자바의 인터페이스는 모든 구현이 지켜야 할 규칙을 정의한다. 즉 구현 클래스는 인터페이스에서 정의한
  모든 연산의 구현 코드를 제공해야 한다. 따라서 인터페이스를 바꾸면 이를 구현한 코드도 바뀐 내용을
  지원하도록 갱신되어야 한다. 더 많은 연산을 추가할수록 더 자주 코드가 바뀌며, 문제가 발생할 수 있는
  범위도 넓어진다.

- 월, 카테고리 같은 BankTransaction의 속성이 calculateAverageForCategory(), calculateTotal
  InJanuary()처럼 메서드 이름의 일부로 사용되었다. 인터페이스가 도메인 객체의 특정 접근자에 종속

되는 문제가 생겼다. 도메인 객체의 세부 내용이 바뀌면 인터페이스도 바뀌어야 하며 결과적으로 구현 코드도 바뀌어야 한다.

이런 이유에서 보통 작은 인터페이스를 권장한다. 그래야 도메인 객체의 다양한 내부 연산으로의 디펜던시를 최소화할 수 있다.

## 3.5.2 지나친 세밀함

인터페이스는 작을수록 좋은 걸까? [예제 3-10]은 각 동작을 별도의 인터페이스로 정의하는 극단적인 예다. `BankTransactionProcessor` 클래스는 이 모든 인터페이스를 구현해야 한다.

**예제 3-10** 지나치게 세밀한 인터페이스

```
interface CalculateTotalAmount {
    double calculateTotalAmount();
}

interface CalculateAverage {
    double calculateAverage();
}

interface CalculateTotalInMonth {
    double calculateTotalInMonth(Month month);
}
```

지나치게 인터페이스가 세밀해도 코드 유지보수에 방해가 된다. 실제로 위 예제는 **안티 응집도**anti-cohesion 문제가 발생한다. 즉 기능이 여러 인터페이스로 분산되므로 필요한 기능을 찾기가 어렵다. 자주 사용하는 기능을 쉽게 찾을 수 있어야 유지보수성도 좋아진다. 더욱이 인터페이스가 너무 세밀하면 복잡도가 높아지며, 새로운 인터페이스가 계속해서 프로젝트에 추가된다.

## 3.6 명시적 API vs 암묵적 API

이 문제를 어떻게 하면 제대로 해결할 수 있을까? 개방/폐쇄 원칙을 적용하면 연산에 유연성을 추가하고 가장 공통적인 상황을 클래스로 정의할 수 있다. 이들을 조금 더 일반적인 메서드로 구현해보자. 이 상황에서는 BankTransactionProcessor의 다양한 구현을 기대하지 않으므로 인터페이스의 필요성이 사라진다. 또한 전체 응용프로그램에 도움되는 메서드를 제공하지도 않는다. 결론적으로 코드베이스에 불필요한 추상화를 추가해 일을 복잡하게 만들 필요가 없다. BankTransactionProcessor는 단순히 입출금 내역에서 통계적 연산을 수행하는 클래스일 뿐이다.

일반적인 findTransactions() 메서드를 쉽게 정의할 수 있는 상황에서 findTransactionsGreaterThanEqual()처럼 구체적으로 메서드를 정의해야 하는지 의문도 생긴다. 이런 딜레마를 명시적 API 제공 vs 암묵적 API 제공 문제라고 부른다.

양측 모두 장단점이 있다. findTransactionsGreaterThanEqual() 같은 메서드는 자체적으로 어떤 동작을 수행하는지 잘 설명되어 있고, 사용하기 쉽다. API의 가독성을 높이고 쉽게 이해하도록 메서드 이름을 서술적으로 만들었다. 하지만 이 메서드의 용도가 특정 상황에 국한되어 각 상황에 맞는 새로운 메서드를 많이 만들어야 하는 상황이 벌어진다. 반면 findTransactions() 같은 메서드는 처음 사용하기가 어렵고, 문서화를 잘해놓아야 한다. 하지만 거래 내역을 검색하는 데 필요한 모든 상황을 단순한 API로 처리할 수 있다. 어떤 것이 좋은 방법인지는 정해져 있지 않다. 이는 필요한 질문의 종류에 따라 달라질 수 있기 때문이다. findTransactionsGreaterThanEqual() 메서드가 가장 흔히 사용하는 연산이라면, 사용사가 쉽게 이해하고 사용하도록 이를 명시적 API로 만드는 것이 합리적인 방법이다.

[예제 3-11]은 BankTransactionProcessor의 최종 구현 코드다.

예제 3-11 BankTransactionProcessor 클래스의 핵심 연산

```
@FunctionalInterface
public interface BankTransactionSummarizer {
    double summarize(double accumulator, BankTransaction bankTransaction);
}


@FunctionalInterface
```

```java
public interface BankTransactionFilter {
    boolean test(BankTransaction bankTransaction);
}

public class BankTransactionProcessor {

    private final List<BankTransaction> bankTransactions;

    public BankStatementProcessor(final List<BankTransaction> bankTransactions) {
        this.bankTransactions = bankTransactions;
    }

    public double summarizeTransactions(final BankTransactionSummarizer
bankTransactionSummarizer) {
        double result = 0;
        for(final BankTransaction bankTransaction: bankTransactions) {
            result = bankTransactionSummarizer.summarize(result, bankTransaction);
        }
        return result;
    }

    public double calculateTotalInMonth(final Month month) {
        return summarizeTransactions((acc, bankTransaction) ->
                bankTransaction.getDate().getMonth() == month ? acc  + bankTransaction.
getAmount() : acc
        );
    }

        // ...

    public List<BankTransaction> findTransactions(final BankTransactionFilter
bankTransactionFilter) {
        final List<BankTransaction> result = new ArrayList<>();
        for(final BankTransaction bankTransaction: bankTransactions) {
            if(bankTransactionFilter.test(bankTransaction)) {
                result.add(bankTransaction);
            }
        }
        return bankTransactions;
    }

    public List<BankTransaction> findTransactionsGreaterThanEqual(final int amount) {
        return findTransactions(bankTransaction -> bankTransaction.getAmount() >=
amount);
```

```
    }

    // ...
}
```

## 3.6.1 도메인 클래스 vs 원싯값

BankTransactionSummarizer의 인터페이스를 간단하게 정의하면서 double이라는 원싯값을 결과로 반환하는데, 이는 일반적으로 좋은 방법이 아니다. 원싯값으로는 다양한 결과를 반환할 수 없어 유연성이 떨어지기 때문이다. 예를 들어 summarizeTransaction() 메서드는 현재 double을 반환한다. 다양한 결과를 포함하도록 메서드 시그니처를 바꾸려면 모든 BankTransactionProcessor의 구현을 바꿔야 한다.

double을 감싸는 새 도메인 클래스 **Summary**를 만들면 이 문제를 해결할 수 있다. 새 클래스에 필요한 필드와 결과를 언제든 추가할 수 있다. 또한 이 기법을 이용하면 도메인의 다양한 개념 간의 결합을 줄이고, 요구 사항이 바뀔 때 연쇄적으로 코드가 바뀌는 일도 최소화할 수 있다.

## 3.7 다양한 형식으로 내보내기

지금까지 개방/폐쇄 원칙과 자바에서 인터페이스를 사용하는 방법을 자세히 배웠다. 이 내용을 이용하면 마크 버그저커가 제시한 새 요구 사항을 쉽게 처리할 수 있다. 이번에는 선택된 입출금 목록의 요약 통계를 텍스트, HTML, JSON 등 다양한 형식으로 내보내야 한다. 어디서부터 시작해볼까?

### 3.7.1 도메인 객체 소개

우선 사용자가 어떤 형식으로 내보내고 싶은지 정확하게 파악해야 한다. 다양한 형식으로 내보낼 수 있지만 각각 다음과 같은 장단점이 있다.

- **숫자**

  calculateAverageInMonth처럼 어떤 연산의 반환 결과가 필요한 사용자가 있을 것이다. 이때 결괏값은 double이다. 이미 살펴봤듯이 double을 반환하면 가장 간단하게 프로그램을 구현할 수 있지만 요구 사항이 바뀔 때 유연하게 대처할 수 없다. 내보내기 기능이 double을 입력으로 받는다고 가정하자. 이 상황에서는 내보내기 기능을 호출하는 모든 코드의 결괏값의 형식을 바꿔야 하며 새로운 버그가 발생할 가능성이 크다.

- **컬렉션**

  findTransaction()이 반환하는 입출금 목록을 원하는 사용자도 있을 것이다. Iterable을 반환하면 상황에 맞춰서 처리하기 때문에 유연성을 높일 수 있다. 이때 유연성은 좋아지지만 오직 컬렉션만 반환해야 한다는 제약이 따른다. 어떻게 하면 목록, 기타 요약 정보 등 다양한 종류의 결과를 반환할 수 있을까?

- **특별한 도메인 객체**

  사용자가 내보내려는 요약 정보를 대표하는 SummaryStatistics라는 새로운 개념을 만들 수 있다. 도메인 객체는 자신의 도메인과 관련된 클래스의 인스턴스다. 도메인 객체를 이용하면 결합을 깰 수 있다. 새로운 요구 사항이 생겨서 추가 정보를 내보내야 한다면 기존 코드를 바꿀 필요 없이 새로운 클래스의 일부로 이를 구현할 수 있다.

- **더 복잡한 도메인 객체**

  Report처럼 조금 더 일반적이며 거래 내역 컬렉션 등 다양한 결과를 저장하는 필드를 포함하는 개념을 만들 수 있다. 사용자의 요구 사항이 무엇이며 더 복잡한 정보를 내보내야 하는지 여부에 따라 사용할 도메인 객체가 달라진다. 어떤 상황이든 Report 객체를 생산하는 부분과 이를 소비하는 부분이 서로 결합하지 않는다는 큰 장점이 있다.

현재 구현 중인 응용프로그램에 사용할 거래 내역 목록의 요약 정보를 저장하는 도메인 객체를 만들어보자. [예제 3-12]는 도메인 객체 선언 코드다.

**예제 3-12** 요약 정보를 저장하는 도메인 객체

```java
public class SummaryStatistics {

    private final double sum;
    private final double max;
    private final double min;
    private final double average;

    public SummaryStatistics(final double sum, final double max, final double min,
final double average) {
        this.sum = sum;
        this.max = max;
        this.min = min;
        this.average = average;
    }

    public double getSum() {
        return sum;
    }

    public double getMax() {
        return max;
    }

    public double getMin() {
        return min;
    }

    public double getAverage() {
        return average;
    }
}
```

## 3.7.2 적절하게 인터페이스를 정의하고 구현하기

내보낼 형식이 무엇인지를 파악했으므로 이를 구현하는 API가 필요하다. Exporter라는 인터페이스를 정의해 다양한 내보내기 구현 코드가 다른 코드와 결합하지 않도록 방지한다. 이는

3.4절에서 배운 개방/폐쇄 원칙으로 다시 연결된다. JSON으로 내보내든, XML로 내보내든 같은 인터페이스를 구현하면 되므로 다양한 내보내기 기능을 편리하게 구현할 수 있다. 처음에는 [예제 3-13]처럼 인터페이스를 정의한다. export() 메서드는 SummaryStatistics 객체를 인수로 받아 void를 반환한다.

**예제 3-13** Exporter 인터페이스의 나쁜 예

```
public interface Exporter {
    void export(SummaryStatistics summaryStatistics);
}
```

인터페이스를 이렇게 정의하면 다음과 같은 문제가 발생한다.

- void 반환 형식은 아무 도움이 되지 않고, 기능을 파악하기도 어렵다. 메서드가 무엇을 반환하는지 알 수 없기 때문이다. export() 메서드 자체가 아무것도 반환하지 않으므로 다른 구현 메서드에서 어떤 작업을 진행하고, 이를 기록하거나 화면에 출력할 가능성이 크다. 인터페이스로부터 얻을 수 있는 정보가 아무것도 없다.

- void를 반환하면 어서션으로 결과를 테스트하기도 매우 어렵다. 예상한 값과 실제 결괏값을 어떻게 비교할까? 안타깝게도 void를 반환하면 아무 결과도 없다.

[예제 3-14]는 String을 반환하는 API를 보여준다. Exporter가 반환한 텍스트를 이용해 이를 출력하거나, 파일에 저장하거나, 어딘가로 전송한다. 텍스트 문자열은 어서션으로 직접 비교할 수 있으므로 쉽게 테스트할 수 있다.

**예제 3-14** Exporter 인터페이스의 좋은 예

```
public interface Exporter {
    String export(SummaryStatistics summaryStatistics);
}
```

정보를 내보내는 API를 정의했으므로 Exporter 인터페이스를 준수하는 다양한 내보내기 기능을 구현할 수 있다. [예제 3-15]는 기본 HTML을 내보내는 구현 코드다.

```java
public class HtmlExporter implements Exporter {
    @Override
    public String export(final SummaryStatistics summaryStatistics) {

        String result = "<!doctype html>";
        result += "<html lang='en'>";
        result += "<head><title>Bank Transaction Report</title></head>";
        result += "<body>";
        result += "<ul>";
        result += "<li><strong>The sum is</strong>: " + summaryStatistics.getSum() +
"</li>";
        result += "<li><strong>The average is</strong>: " + summaryStatistics.
getAverage() + "</li>";
        result += "<li><strong>The max is</strong>: " + summaryStatistics.getMax() +
"</li>";
        result += "<li><strong>The min is</strong>: " + summaryStatistics.getMin() +
"</li>";
        result += "</ul>";
        result += "</body>";
        result += "</html>";
        return result;
    }
}
```

## 3.8 예외 처리

뭔가 잘못되었을 때 이를 어떻게 처리할지는 아직 살펴보지 않았다. 입출금 내역 분석기 소프트웨어가 아래와 같은 오작동을 일으킨다면 어떻게 해야 할까?

- 데이터를 적절하게 파싱하지 못 한다면?
- 입출금 내역을 포함하는 CSV 파일을 읽을 수 없다면?
- 응용프로그램을 실행하는 하드웨어에 램이나 저장 공간이 부족하다면?

이런 문제가 발생하면 어디서 문제가 발생했는지를 보여주는 스택 트레이스stack trace와 함께 이상한 오류 메시지가 나타난다. [예제 3-16]은 예상하지 못한 오류가 발생한 상황이다.

예제 3-16 예상하지 못한 오류

```
Exception in thread "main" java.lang.ArrayIndexOutOfBoundsException: 0

Exception in thread "main" java.nio.file.NoSuchFileException: src/main/resources/
bank-data-simple.csv

Exception in thread "main" java.lang.OutOfMemoryError: Java heap space
```

## 3.8.1 예외를 사용해야 하는 이유

먼저 BankStatementCSVParser를 살펴보자. 어떻게 파싱 문제를 해결할 수 있을까? 예를 들면 파일의 CSV 행이 아래와 같이 예상하지 못한 형식으로 구성되었을 수 있다.

- CSV 행의 열이 세 개를 초과한다.
- CSV 행의 열이 세 개 미만이다.
- 날짜 등 일부 열의 자료 형식이 잘못되었다.

고전적인 C 프로그래밍에서는 수많은 if 조건을 추가해 암호 같은 오류 코드를 반환했다. 하지만 그 방법에는 여러 단점이 존재한다. 먼저 전역으로 공유된 가변 상태에 의존해 최근에 발생한 오류를 검색해야 한다. 이 때문에 코드 부분이 따로 분리되어 이해하기가 어려워진다. 결과적으로 코드를 유지보수하기 어렵다. 또한 어떤 값이 실제 값인지 아니면 오류를 가리키는 값인지 구분하기가 어렵다. 강력한 형식 시스템이 있었다면 이 문제를 해결하는 데 조금이나마 도움이 되었을 것이다. 마지막으로 제어 흐름이 비즈니스 로직과 섞이면서 코드를 유지보수하거나 프로그램의 일부를 따로 테스트하기도 어려워진다.

자바는 이런 문제를 해결하도록 예외를 일급 언어 기능으로 추가하고 다음과 같은 장점을 제공한다.

- **문서화**: 메서드 시그니처 자체에 예외를 지원한다.
- **형식 안전성**: 개발자가 예외 흐름을 처리하고 있는지를 형식 시스템이 파악한다.
- **관심사 분리**: 비즈니스 로직과 예외 회복recovery이 각각 try/catch 블록으로 구분된다.

다만 예외 기능으로 복잡성이 증가한다는 단점이 생긴다. 여러분도 알다시피 자바는 두 가지 종류의 예외를 지원한다.

- **확인된 예외**: 회복해야 하는 대상의 예외다. 자바에서는 메서드가 던질 수 있는 확인된 예외 목록을 선언해야 한다. 아니면 해당 예외를 try/catch로 처리해야 한다.
- **미확인 예외**: 프로그램을 실행하면서 언제든 발생할 수 있는 종류의 예외. 확인된 예외와 달리 메서드 시그니처에 명시적으로 오류를 선언하지 않으면 호출자도 이를 꼭 처리할 필요가 없다. .

자바 예외 클래스는 계층적으로 잘 조직되어 있다. [그림 3-1]은 자바의 예외 계층도 모습이다. Error와 RuntimeException 클래스는 미확인 예외이며 Throwable의 서브클래스다. 보통 이런 오류는 잡지 않는다. Exception 클래스는 일반적으로 프로그램에서 잡아 회복해야 하는 오류를 가리킨다.

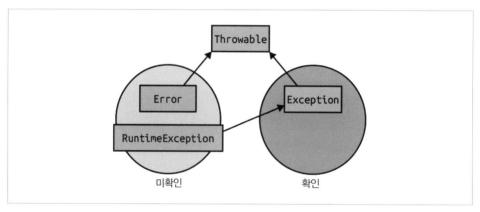

**그림 3-1** 자바의 예외 계층도

## 3.8.2 예외의 패턴과 안티 패턴

어떤 상황에 어떤 종류의 예외를 사용해야 할까? 어떻게 BankStatementParser API에 예외를 추가할 수 있을까? 안타깝게도 정해진 답은 따로 없다. 어떤 방법이 좋은지는 상황에 따라 달라지기 때문이다.

CSV 파일 파싱은 다음 두 가지 기능을 고려해야 한다.

- 정해진 문법 파싱(CSV, JSON 등)

- 데이터 검증(예를 들어 텍스트 설명은 100자 이내)

먼저 문법 오류를 살펴본 다음, 데이터를 검증하자.

## 미확인 예외와 확인된 예외에서 선택하기

CSV 파일에 잘못된 문법(예를 들어 분리자인 콤마가 없음)이 포함될 수 있다. 이 문제를 무시하고 응용프로그램을 실행하면 더 파악하기가 어려운 오류가 발생할 수 있다. 예외를 지원하는 코드를 구현하면 API에 문제가 생겼을 때 문제를 더 명확하게 진단한다. [예제 3-17]처럼 CSVSyntaxException을 던지는 간단한 검사 코드를 추가한다.

예제 3-17 문법 예외 던지기

```
final String[] columns = line.split(",");

if(columns.length < EXPECTED_ATTRIBUTES_LENGTH) {
    throw new CSVSyntaxException();
}
```

CSVSyntaxException은 확인된 예외로 사용해야 할까, 아니면 미확인 예외로 사용해야 할까? 구현하는 API에서 CSVSyntaxException 예외가 발생했을 때 프로그램이 회복되도록 강제할 것인지를 스스로 생각해보면 답이 나온다. 예를 들어 일시적으로 발생하는 오류라면 동작을 다시 시도하거나 화면에 메시지를 출력해 응용프로그램의 반응성을 훌륭하게 유지할 수 있다. 보통 비즈니스 로직 검증(잘못된 형식이나 연산 등) 시 발생한 문제는 불필요한 try/catch 구문을 줄일 수 있도록 미확인 예외로 결정한다. 또한 예외가 발생했을 때 응용프로그램을 어떻게 회복시킬 것인지 애매한 상황도 있다. 이런 상황에서는 API 사용자에게 오류를 복구하라고 강제할 필요가 없다. 게다가 시스템 오류(저장 공간이 꽉 참)가 발생했을 때 사용자가 할 수 있는 일이 없으므로 시스템 오류도 미확인 예외로 지정한다. 즉, 대다수의 예외를 미확인 예외로 지정하고 꼭 필요한 상황에서만 확인된 예외로 지정해 불필요한 코드를 줄여야 한다.

올바른 CSV 형식을 갖췄다면 이번에는 데이터 검증 문제를 살펴보자. 검증 관련 예외에서는 흔히 발생하는 두 가지 안티 패턴을 배운다. 그리고 문제를 유지보수할 수 있도록 해결책을 제공하는 노티피케이션notification 패턴을 살펴보자.

## 과도하게 세밀함

그렇다면 어디에 검증 로직을 추가해야 할까? BankStatement 객체를 생성하는 곳에 검증 코드를 추가할 수 있다. 하지만 다음과 같은 이유로 전용 Validator 클래스를 만드는 것을 권한다.

- 검증 로직을 재사용해 코드를 중복하지 않는다.
- 시스템의 다른 부분도 같은 방법으로 검증할 수 있다.
- 로직을 독립적으로 유닛 테스트할 수 있다.
- 이 기법은 프로그램 유지보수와 이해하기 쉬운 SRP를 따른다.

예외를 활용해 다양한 방법으로 검증자<sup>validator</sup>를 구현할 수 있다. [예제 3-18]은 과도하게 자세한 방법이다. 입력에서 발생할 수 있는 모든 경계 상황을 고려하고, 각각의 경계 상황을 별도의 확인된 예외로 변환했다. DescriptionTooLongException, InvalidDateFormat, DateInTheFutureException, InvalidAmountException은 모두 사용자가 정의한 확인된 예외다(즉 Exception 클래스를 상속). 이 방법을 적용하면 각각의 예외에 적합하고 정확한 회복 기법을 구현할 수 있지만 너무 많은 설정 작업이 필요하고, 여러 예외를 선언해야 하며, 사용자가 이 모든 예외를 처리해야 하므로 생산성이 현저하게 떨어진다. 다시 말해 사용자가 API를 쉽게 사용할 수 없게 된다. 게다가 여러 오류가 발생했을 때 모든 오류 목록을 모아 사용자에게 제공할 수도 없다.

예제 3-18 과도하게 세밀한 예외

```java
public class OverlySpecificBankStatementValidator {

    private String description;
    private String date;
    private String amount;

    public OverlySpecificBankStatementValidator(final String description, final String
date, final String amount) {
        this.description = Objects.requireNonNull(description);
        this.date = Objects.requireNonNull(description);
        this.amount = Objects.requireNonNull(description);
    }

    public boolean validate() throws DescriptionTooLongException,
                                     InvalidDateFormat,
```

```
                        DateInTheFutureException,
                        InvalidAmountException {

        if(this.description.length() > 100) {
            throw new DescriptionTooLongException();
        }

        final LocalDate parsedDate;
        try {
            parsedDate = LocalDate.parse(this.date);
        }
        catch (DateTimeParseException e) {
            throw new InvalidDateFormat();
        }
        if (parsedDate.isAfter(LocalDate.now())) throw new DateInTheFutureException();

        try {
            Double.parseDouble(this.amount);
        }
        catch (NumberFormatException e) {
            throw new InvalidAmountException();
        }
        return true;
    }
}
```

## 과도하게 덤덤함

과한 세밀함과는 정반대로 모든 예외를 `IllegalArgumentException` 등의 미확인 예외로 지정하는 극단적인 상황도 있다. [예제 3-19]는 이런 극단적인 방법으로 예외를 처리하는 `validate()` 메서드 코드이다. 전부 동일한 예외로 지정하면 구체적인 회복 로직을 만들 수 없는 문제가 생긴다. 마찬가지로 여러 오류가 발생했을 때 모든 오류 목록을 모아 사용자에게 제공할 수도 없다.

예제 3-19 모든 곳에 `IllegalArgument` 예외 사용

```
public boolean validate() {

    if(this.description.length() > 100) {
        throw new IllegalArgumentException("The description is too long");
```

```
        }

        final LocalDate parsedDate;
        try {
            parsedDate = LocalDate.parse(this.date);
        }
        catch (DateTimeParseException e) {
            throw new IllegalArgumentException("Invalid format for date", e);
        }
        if (parsedDate.isAfter(LocalDate.now())) throw new IllegalArgumentException("date
    cannot be in the future");

        try {
            Double.parseDouble(this.amount);
        }
        catch (NumberFormatException e) {
            throw new IllegalArgumentException("Invalid format for amount", e);
        }
        return true;
    }
```

이번에는 과도한 세밀함과 과도한 덤덤함에서 발생한 문제를 해결하는 노티피케이션 패턴을 배워보자.

## 노티피케이션 패턴

노티피케이션 패턴은 너무 많은 미확인 예외를 사용하는 상황에 적합한 해결책을 제공한다. 이 패턴에서는 도메인 클래스로 오류를 수집한다.[1]

먼저 오류를 수집할 Notification 클래스를 만든다. [예제 3-20]은 Notification 클래스를 선언하는 코드다.

**예제 3-20** 오류를 수집하는 도메인 클래스 Notification

```
public class Notification {
    private final List<String> errors = new ArrayList<>();

    public void addError(final String message) {
```

----

1 노티피케이션 패턴은 마틴 파울러가 정립한 개념이다.

```
        errors.add(message);
    }

    public boolean hasErrors() {
        return !errors.isEmpty();
    }

    public String errorMessage() {
        return errors.toString();
    }

    public List<String> getErrors() {
        return this.errors;
    }

}
```

이 클래스를 정의해 한 번에 여러 오류를 수집할 수 있는 검증자를 만든다. 기존에 살펴본 두
가지 방법으로는 여러 오류를 수집할 수 없었다. 이제 예외를 던지지 않고 [예제 3-21]처럼
Notification 객체에 메시지를 추가한다.

예제 3-21 노티피케이션 패턴

```
public Notification validate() {

    final Notification notification = new Notification();
    if(this.description.length() > 100) {
        notification.addError("The description is too long");
    }

    final LocalDate parsedDate;
    try {
        parsedDate = LocalDate.parse(this.date);
        if (parsedDate.isAfter(LocalDate.now())) {
            notification.addError("date cannot be in the future");
        }
    }
    catch (DateTimeParseException e) {
        notification.addError("Invalid format for date");
    }
```

```java
    final double amount;
    try {
        amount = Double.parseDouble(this.amount);
    }
    catch (NumberFormatException e) {
        notification.addError("Invalid format for amount");
    }
    return notification;
}
```

### 3.8.3 예외 사용 가이드라인

지금까지 예외를 사용하는 상황을 배웠으니 이번에는 응용프로그램에서 예외를 사용하는 일반적인 가이드라인을 알아보자.

#### 예외를 무시하지 않음

문제의 근본 원인을 알 수 없다고 예외를 무시하면 안 된다. 예외를 처리할 수 있는 방법이 명확하지 않으면 미확인 예외를 대신 던진다. 이렇게 하면 확인된 예외를 정말로 처리해야 할 때 런타임에서 어떤 문제가 발생하는지 먼저 확인한 다음, 이전 문제로 돌아와 필요한 작업을 다시 시작할 수 있다.

#### 일반적인 예외는 잡지 않음

가능한 구체적으로 예외를 잡으면 가독성이 높아지고 더 세밀하게 예외를 처리할 수 있다. 일반적인 Exception은 RuntimeException도 포함한다. 일부 IDE는 일반적인 예외 처리 구문을 자동으로 생성하므로 자동 생성된 코드를 더 구체적으로 개선할 수 있는지 고민해보자.

#### 예외 문서화

API 수준에서 미확인 예외를 포함한 예외를 문서화하므로 API 사용자에게 문제 해결의 실마리를 제공한다. 사실 미확인 예외 보고서는 해결해야 할 문제의 원인을 포함한다. [예제 3-22]는 @throws 자바독Javadoc 문법으로 예외를 문서화한 예다.

```
@throws   NoSuchFileException 파일이 존재하지 않을 때
@throws   DirectoryNotEmptyException 파일이 디렉터리이고 비어 있지 않아 삭제할 수 없을 때
@throws   IOException I/O 오류가 발생했을 때
@throws   SecurityException 디폴트 프로바이더를 사용하고 보안 관리자가 설치된 상태에서
{@link SecurityManager#checkDelete(String)} 메서드로 파일 삭제 권한 여부를 확인했을 때
```

## 특정 구현에 종속된 예외를 주의할 것

특정 구현에 종속된 예외를 던지면 API의 캡슐화가 깨지므로 주의하자. 예를 들어 [예제 3-23]의 read() 메서드 정의는 OracleException을 던질 수 있으므로 이를 사용하는 코드도 오라클에 종속된다.

예제 3-23 구현 종속 예외를 피함

```
public String read(final Source source) throws OracleException { ... }
```

## 예외 vs 제어 흐름

예외로 흐름을 제어하지 않는다. [예제 3-24]는 자바에서 예외를 남용하는 나쁜 사례다. 이 코드는 예외를 이용해 읽기 작업을 수행하는 루프를 탈출한다.

예제 3-24 예외로 흐름 제어하기

```
try {
    while (true) {
        System.out.println(source.read());
    }
}
catch(NoDataException e) {
}
```

이런 종류의 코드는 다음과 같은 여러 문제를 일으키므로 피해야 한다. 우선 예외를 처리하느라 불필요한 try/catch 문법이 추가되어 코드 가독성을 떨어뜨린다. 또한 코드의 의도도 이해하기 어려워진다. 예외는 오류와 예외적인 시나리오를 처리하는 기능이기 때문이다. 결론적으

로 예외를 정말 던져야 하는 상황이 아니라면 예외를 만들지 않아야 한다. 마지막으로 예외가
발생했을 때 스택 트레이스 생성, 보존과 관련된 부담이 생긴다.

## 3.8.4 예외 대안 기능

예외를 이용해 입출금 내역 분석기를 사용자가 더 이해하기 쉽고 튼튼하게 만드는 방법을 배웠
다. 그렇다면 예외를 대체할 수 있는 기능이 있을까? 이번에는 예외를 대체할 만한 다양한 기
능과 장단점을 살펴보자.

### null 사용

[예제 3-25]처럼 예외를 던지지 않고 null을 반환하면 어떨까?

**예제 3-25** 예외를 던지는 대신 null 반환하기

```java
final String[] columns = line.split(",");

if(columns.length < EXPECTED_ATTRIBUTES_LENGTH) {
    return null;
}
```

이 방법은 절대 사용하지 않아야 한다. 사실상 null은 호출자에게 아무 정보도 제공하지 않는
다. API의 결과가 null인지 항상 확인해야 하므로 오류가 쉽게 발생할 수 있다. 이 때문에 많
은 NullPointerException이 발생할 수 있으며 불필요한 디버깅에 시간이 소비된다.

### null 객체 패턴

자바에서는 종종 null **객체 패턴**object pattern을 사용한다. 객체가 존재하지 않을 때 null 레퍼런
스를 반환하는 대신에 필요한 인터페이스를 구현하는 객체(바디는 비어 있음)를 반환하는 기
법이다. 의도하지 않은 NullPointerException과 긴 null 확인 코드를 피할 수 있다는 점이
null 객체 패턴의 강점이다. 빈 객체는 아무것도 수행하지 않으므로 동작을 예측하기 쉽다. 하
지만 이 패턴을 사용하면 데이터에 문제가 있어도 빈 객체를 이용해 실제 문제를 무시할 수 있
어 나중에 문제를 해결하기가 더 어려워질 수 있다.

## Optional⟨T⟩

자바 8에서는 값이 없는 상태를 표현하는 내장 데이터 형식인 `java.util.Optional<T>`를 선보였다. `Optional<T>`는 값이 없는 상태를 명시적으로 처리하는 다양한 메서드 집합을 제공하므로 버그의 범위를 줄이는 데 큰 도움이 된다. 또한 다양한 `Optional` 객체를 조합할 수 있어 다른 API에서 반환한 `Optional` 형식을 다른 `Optional` 형식과 조합할 수 있다. 그 예로 스트림 API의 `findAny()` 메서드가 있다. `Optional<T>`를 사용하는 방법은 7장에서 더 자세히 배운다.

## Try⟨T⟩

성공하거나 실패할 수 있는 연산을 가리키는 Try⟨T⟩ 데이터 형식도 있다. `Optional<T>`와 비슷하지만 값이 아니라 연산에 적용한다는 점이 다르다. 즉 Try⟨T⟩ 데이터 형식도 코드 조합성의 장점을 제공하며 코드에서 발생하는 오류 범위를 줄여준다. 안타깝게도 JDK는 Try⟨T⟩를 지원하지 않으므로 외부 라이브러리를 이용해야 한다.


# 3.9 빌드 도구 사용

지금까지 프로그래밍 모범 사례와 원칙을 배웠다. 그렇다면 응용프로그램은 어떻게 구성, 빌드, 실행하는 것이 좋을까? 3.9절에서는 응용프로그램을 만들 때 빌드 도구를 왜 사용해야 하며, 메이븐, 그레이들 등의 빌드 도구를 사용해 어떻게 응용프로그램을 예상할 수 있는 범위에서 빌드하고 실행하는지를 배운다. 5장에서는 자바 패키지로 응용프로그램을 효과적으로 구성하는 방법을 배운다.


## 3.9.1 왜 빌드 도구를 사용할까?

응용프로그램을 실행하는 문제를 생각해보자. 응용프로그램을 실행하려면 몇 가지 사항을 고려해야 한다. 우선 프로젝트 코드를 구현하고 컴파일해야 한다. 이때 자바 컴파일러javac를 사용한다. 여러 파일을 컴파일하는 명령어를 기억하는가? 여러 패키지를 컴파일하려면 어떤 명령을 사용해야 할까? 다른 자바 라이브러리를 사용한다면 디펜던시를 어떻게 관리할까? 프로젝트를 WAR이나 JAR과 같은 특정한 형식으로 어떻게 패키징할 수 있을까? 개발자는 이외에도 다양한 문제에 맞닥뜨린다.

스크립트를 만들어 모든 명령어를 자동화하면 이런 명령어를 매번 반복 실행하지 않아도 된다. 새 스크립트를 만든다면 현재, 앞으로의 모든 동료 개발자도 스크립트가 어떻게 구성되어 있으며, 이를 어떻게 유지보수하고 바꿔야 하는지 이해해야 한다. 또한 소프트웨어 개발 생명 주기도 고려해야 한다. 코드를 컴파일하고 개발한다고 모든 일이 끝나는 것은 아니기 때문이다. 테스트나 배포는 어떻게 해야 할까?

빌드 도구를 이용하면 이런 문제를 해결할 수 있다. 빌드 도구는 응용프로그램 빌드, 테스트, 배포 등 소프트웨어 개발 생명 주기를 자동화할 수 있도록 도와준다. 빌드 도구는 다음과 같은 다양한 장점을 제공한다.

- 프로젝트에 적용되는 공통적인 구조를 제공하기 때문에 동료 개발자가 여러분의 프로젝트를 좀 더 편안하게 받아들인다.
- 응용프로그램을 빌드하고 실행하는 반복적이고, 표준적인 작업을 설정한다.
- 저수준 설정과 초기화에 들이는 시간을 절약하므로 개발에만 집중할 수 있다.
- 잘못된 설정이나 일부 빌드 과정 생략 등으로 발생하는 오류의 범위를 줄인다.
- 공통 빌드 작업을 재사용해 이를 다시 구현할 필요가 없으므로 시간을 절약한다.

자바 커뮤니티에서 사용하는 두 가지 유명한 빌드 도구인 메이븐과 그레이들을 살펴보자.[2]


## 3.9.2 메이븐 사용

메이븐은 자바 커뮤니티에서 아주 유명한 빌드 도구다. 메이븐을 이용해 소프트웨어의 디펜던시와 빌드 과정을 작성한다. 게다가 큰 커뮤니티가 저장소(여러분의 응용프로그램에 사용할 라이브러리나 디펜던시를 메이븐이 자동으로 다운로드할 수 있도록 마련된)를 관리하고 있어 든든하다. 메이븐은 2004년 처음 출시되었고 여러분도 예상할 수 있겠지만, 그 당시에는 XML이 큰 인기였다. 당연히 메이븐은 XML 기반으로 빌드 과정을 정의한다.

---

**2** 초창기 자바는 다른 유명한 빌드 도구인 앤트(Ant)를 주로 사용했지만 요즘 앤트를 사용하는 사람은 거의 없다.

## 프로젝트 구조

메이븐은 유지보수에 도움되는 구조를 처음부터 제공한다. 메이븐 프로젝트를 시작할 때 다음 두 메인 폴더를 제공한다.

- src/main/java : 프로젝트에 필요한 모든 자바 클래스를 개발해 저장하는 폴더다.
- src/test/java : 프로젝트의 테스트 코드를 개발해 저장하는 폴더다.

꼭 필요하진 않지만 유용하게 사용할 만한 두 폴더도 제공한다.

- src/main/resources : 응용프로그램에서 사용하는 텍스트 파일 등 추가 자원을 포함하는 폴더다.
- src/test/resources : 테스트에서 사용할 추가 자원을 포함하는 폴더다.

기본적으로 제공되는 디렉터리 구조를 사용하면, 메이븐을 잘 아는 사람이라면 누구나 주요 파일의 위치를 빨리 파악할 수 있다. pom.xml 파일을 만들어 응용프로그램 빌드에 필요한 과정을 다양한 XML 정의로 지정해 빌드 프로세스를 정의한다. [그림 3-2]는 일반적인 메이븐 프로젝트 구조를 요약한 모습이다.

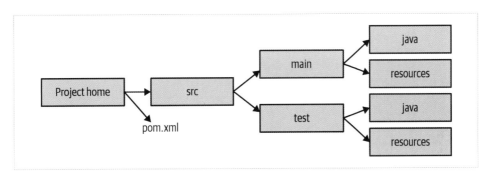

**그림 3-2** 메이븐 표준 디렉터리 구조

## 빌드 파일 예제

다음으로 빌드 과정을 지정하는 pom.xml 파일을 만든다. [예제 3-26]은 입출금 내역 분석기를 만드는 데 사용할 수 있는 기본 예제다. 파일에서 다음과 같은 다양한 요소를 확인할 수 있다.

- project

  pom.xml 파일의 최상위 수준 요소다.

- **groupId**

  프로젝트를 만드는 조직의 고유 식별자를 지정한다.

- **artifactId**

  빌드 과정에서 생성된 부산물의 고유한 기본 이름을 지정한다.

- **packaging**

  부산물에 사용할 패키지 형식(JAR, WAR, EAR 등)을 지정한다. 이 요소를 생략하면 JAR를 사용한다.

- **version**

  프로젝트에서 생성하는 부산물 버전을 지정한다.

- **build**

  플러그인, 자원 등 빌드 과정을 가이드하는 다양한 설정을 지정한다.

- **dependencies**

  프로젝트의 디펜던시 목록을 지정한다.

**예제 3-26** 메이븐의 pom.xml 빌드 파일

```xml
<?xml version="1.0" encoding="UTF-8"?>
<project xmlns="http://maven.apache.org/POM/4.0.0"
         xmlns:xsi="http://www.w3.org/2001/XMLSchema-instance"
         xsi:schemaLocation="http://maven.apache.org/POM/4.0.0 http://maven.apache.org/
xsd/maven-4.0.0.xsd">
    <modelVersion>4.0.0</modelVersion>

    <groupId>com.iteratrlearning</groupId>
    <artifactId>bankstatement_analyzer</artifactId>
    <version>1.0-SNAPSHOT</version>

    <build>
        <plugins>
            <plugin>
                <groupId>org.apache.maven.plugins</groupId>
                <artifactId>maven-compiler-plugin</artifactId>
                <version>3.7.0</version>
                <configuration>
                    <source>9</source>
                    <target>9</target>
                </configuration>
            </plugin>
```

```
                </plugins>
        </build>

        <dependencies>
            <dependency>
                <groupId>junit</groupId>
                <artifactId>junit</artifactId>
                <version>4.12</version>
                <scope>test</scope>
            </dependency>
        </dependenciesn>
    </project>
```

## 메이븐 명령어

pom.xml을 설정한 다음에는 메이븐으로 프로젝트를 만들고 패키징할 차례다. 다양한 동작을
수행하는 명령어가 있지만 꼭 필요한 명령어만 우선 살펴보자.

- **mvn clean** : 빌드하기 전에 기존 빌드에서 생성된 부산물을 정리한다.

- **mvn compile** : 프로젝트의 소스코드를 컴파일(기본적으로 생성된 target 폴더에 결과를 저장)한다.

- **mvn test** : 컴파일된 소스코드를 테스트한다.

- **mvn package** : JAR과 같은 적절한 형식으로 컴파일된 코드를 패키징한다.

예를 들어 pom.xml 파일이 저장된 디렉터리에서 mvn package 명령을 실행하면 다음과 같은
결과가 출력된다.

```
[INFO] Scanning for projects...
[INFO]
[INFO] ------------------------------------------------------------------------
[INFO] Building bankstatement_analyzer 1.0-SNAPSHOT
[INFO] ------------------------------------------------------------------------
[INFO]
[INFO] ------------------------------------------------------------------------
[INFO] BUILD SUCCESS
[INFO] ------------------------------------------------------------------------
[INFO] Total time: 1.063 s
[INFO] Finished at: 2018-06-10T12:14:48+01:00
[INFO] Final Memory: 10M/47M
```

target 폴더에 **bankstatement_analyzer-1.0-SNAPSHOT.jar** 파일이 생성된 것을 확인할 수 있다.

---

**NOTE_** exec 플러그인(*https://oreil.ly/uoPbv*)을 사용해 **mvn** 명령어로 생성된 부산물의 메인 클래스를 실행할 수 있다.

---

### 3.9.3 그레이들 사용

메이븐 외에 다른 빌드 도구도 있다. 그레이들도 인기 있는 빌드 도구다. '가장 널리 사용되는 도구는 메이븐인데 왜 다른 빌드 도구를 사용할까?'라고 궁금해하는 독자도 있을 것이다. 메이븐은 XML을 이용하는데 이는 작업하기 귀찮고, 가독성이 떨어진다. 예를 들어 빌드 과정에서는 흔히 파일 복사, 이동 등 커스텀 시스템 명령어를 사용한다. XML 문법으로 이런 명령어를 지정하는 것은 쉽지 않다. 게다가 XML은 장황한 언어에 속하며 유지보수 부담을 증가시킨다. 대신 메이븐은 프로젝트 구조 표준화 등 여러 유용한 아이디어를 적용했는데, 그레이들은 이런 유용한 아이디어를 계승했다. 그레이들의 가장 큰 강점은 그루비Groovy, 코틀린Kotlin 프로그래밍 언어 등을 이용해 친근한 도메인 특화 언어domain-specific language(DSL)를 적용한다는 점이다. 결과적으로 더 자연스럽게 빌드를 지정하고, 쉽게 커스터마이즈할 수 있으며 쉽게 이해할 수 있다. 게다가 그레이들은 캐시, 점진적 컴파일incremental compilation 등 빌드 시간을 단축하는 기능도 지원한다.[3]

### 빌드 파일 예제

그레이들은 메이븐과 프로젝트 구조가 비슷하다. 하지만 pom.xml 파일 대신 build.gradle 이라는 파일을 선언해야 한다. 또한 여러 프로젝트 빌드와 설정 변수를 포함하는 settings. gradle 파일도 있다. [예제 3-27]은 [예제 3-26]에서 소개한 메이븐 예제를 그레이들 버전으로 구현한 작은 빌드 파일이다. 메이븐 빌드 파일보다 훨씬 간결하다는 점은 인정해야 한다!

..................................
[3] 메이븐과 그레이들의 더 자세한 비교는 *https://gradle.org/maven-vs-gradle/*을 참고하자.

```
apply plugin: 'java'
apply plugin: 'application'


group = 'com.iteratrlearning'
version = '1.0-SNAPSHOT'

sourceCompatibility = 9
targetCompatibility = 9

mainClassName = "com.iteratrlearning.MainApplication"

repositories {
    mavenCentral()
}
dependencies {
    testImplementation group: 'junit', name: 'junit', version:'4.12'
}
```

## 그레이들 명령어

이제 메이븐에서 배운 명령어와 비슷한 명령어로 빌드 과정을 실행할 수 있다. 그레이들의 각 명령은 태스크task로 구성된다. `test`, `build`, `clean` 등 내장 태스크를 실행하거나 직접 태스크를 정의해 실행한다.

- **gradle clean** : 이전 빌드에서 생성된 파일을 정리한다.
- **gradle build** : 응용프로그램을 패키징한다.
- **gradle test** : 테스트를 실행한다.
- **gradle run** : application 플러그인의 `mainClassName`으로 지정된 메인 클래스를 실행한다.

예를 들어 `gradle build`를 실행하면 다음과 같은 결과가 출력된다.

```
BUILD SUCCESSFUL in 1s
2 actionable tasks: 2 executed
```

빌드 과정에서 그레이들이 만든 build 폴더에 JAR가 생성된 것을 확인할 수 있다.

## 3.10 총정리

- 개방/폐쇄 원칙을 이용하면 코드를 바꾸지 않고도 메서드나 클래스의 동작을 바꿀 수 있다.
- 개방/폐쇄 원칙을 이용하면 기존 코드를 바꾸지 않으므로 코드가 망가질 가능성이 줄어들며, 기존 코드의 재사용성을 높이고, 결합도가 높아지므로 코드 유지보수성이 개선된다.
- 많은 메서드를 포함하는 갓 인터페이스는 복잡도와 결합도를 높인다.
- 너무 세밀한 메서드를 포함하는 인터페이스는 응집도를 낮춘다.
- API의 가독성을 높이고 쉽게 이해할 수 있도록 메서드 이름을 서술적으로 만들어야 한다.
- 연산 결과로 void를 반환하면 동작을 테스트하기가 어렵다.
- 자바의 예외는 문서화, 형식 안정성, 관심사 분리를 촉진한다.
- 확인된 예외는 불필요한 코드를 추가해야 하므로 되도록 사용하지 않는다.
- 너무 자세하게 예외를 적용하면 소프트웨어 개발의 생산성이 떨어진다.
- 노티피케이션 패턴을 이용하면 도메인 클래스로 오류를 수집할 수 있다.
- 예외를 무시하거나 일반적인 Exception을 잡으면 근본적인 문제를 파악하기가 어렵다.
- 빌드 도구를 사용하면 응용프로그램 빌드, 테스트, 배포 등 소프트웨어 개발 생명 주기 작업을 자동화할 수 있다.
- 요즘 자바 커뮤니티에서는 빌드 도구로 메이븐과 그레이들을 주로 사용한다.

## 3.11 되새김

여러분의 지식을 조금 더 넓히고, 탄탄히 만들기 위해 아래의 내용을 도전해보자.

- JSON, XML 등 다양한 데이터 형식으로 내보내는 기능 추가해보자.
- 입출금 내역 분석기에 기본 GUI를 추가해보자.

## 3.12 도전 과제를 완료하며

마크 버그저커는 입출금 내역 분석기의 최종 작업에 매우 만족했다. 며칠 뒤 전 세계에 새 금융 위기가 닥치면 이 응용프로그램은 입소문을 탈 것이다. 다음 장에서 새로운 멋진 프로젝트를 시작해보자!

# CHAPTER 4

# 문서 관리 시스템

## 4.1 도전 과제

마크 버그저커가 요청한 입출금 내역 분석기 확장판을 성공적으로 마무리했으니 이제 여러분은 치과 선생님과의 상담 등 밀렸던 일을 처리하려 한다. 아바즈<sup>Avaj</sup> 선생님은 수년간 자신의 진료소를 성공적으로 운영해왔다. 그녀의 환자들은 나이가 들어서도 하얀 이를 유지할 수 있어 기뻤다. 하지만 이런 성공적인 운영 뒤에는 해마다 쌓여가는 환자들의 진료 기록이 골칫거리로 떠올랐다. 파일 캐비닛에서 기존 진료 기록을 찾는 시간이 해마다 점점 길어졌다.

그녀는 문득 환자들의 진료 기록을 추적하는 문서를 관리하는 과정을 자동화해야 함을 느끼기 시작했다. 다행히 그녀의 환자 중에 적임자가 있었으니! 그녀의 사업이 발전하고 지속될 수 있도록 여러분은 문서를 관리하고, 의사 선생님이 필요한 정보를 빨리 찾을 수 있는 프로그램을 개발하려 한다.

## 4.2 목표

4장에서는 다양한 소프트웨어 개발 원칙을 배운다. 문서 관리 기능 설계의 핵심은 상속 관계, 즉 어떻게 클래스를 상속하거나 인터페이스를 구현하는가에 달렸다. 문서 관리 기능을 제대로 설계하려면 컴퓨터 과학자 바버라 리스코프<sup>Barbara Liskov</sup>의 이름을 따라 만든 리스코프 치환 원칙을 알아야 한다.

언제 상속을 사용해야 하는지와 관련해서는 '상속보다 조합' 원칙도 알아야 한다.

마지막으로 유지보수가 쉽고 좋은 테스트를 만드는 방법을 활용해 기존에 배운 자동화된 코드 구현 지식을 확장한다. 4장에서 배울 내용을 전체적으로 소개했으니 아바즈 선생님의 문서 관리 시스템의 요구 사항을 살펴보자.

> **NOTE_** 이 책에서 사용하는 코드를 직접 확인하고 싶다면 언제든지 코드 저장소에서 `com.iteratr` `learning.shu_book.chapter_04` 패키지를 확인하기 바란다.

## 4.3 문서 관리 시스템 요구 사항

아바즈 선생님과 차를 마시면서 이야기를 나누는 동안 그녀가 컴퓨터로 환자 문서를 관리하고 싶어함을 알게 되었다. **문서 관리 시스템**<sup>Document Management System</sup>은 기존 환자 정보 파일을 읽어 색인을 추가하고 검색할 수 있는 형태의 정보로 변환해야 한다. 그녀는 다음과 같은 세 가지 형식의 문서를 다룬다.

- **리포트** : 환자의 수술과 관련된 상담 내용을 기록한 본문이다.
- **우편물** : 특정 주소로 발송되는 텍스트 문서다.
- **이미지** : 치아와 잇몸 엑스레이 사진을 저장한다. 용량이 크다.

또한 각각의 문서는 관리 대상 파일의 경로와 어떤 환자의 기록물인지를 나타내는 정보도 포함해야 한다. 아바즈 선생님은 문서를 쉽게 찾을 뿐만 아니라 다양한 종류의 문서에서 특정 정보를 포함하는 문서를 검색해 찾기를 원한다. 예를 들어 본문에 'Joe Bloggs'를 포함하는 우편물 문서를 검색하면 그 결과를 반환해야 한다.

마지막으로 아바즈 선생님은 차츰 다른 종류의 문서도 추가하고 싶어 했다.

# 4.4 설계 작업

이 문제는 다양한 방법으로 해결할 수 있어 다양한 설계와 모델링 중 한 가지를 선택해야 한다. 선택은 주관적인 결정이므로 4장을 읽기 전이나 후에 아바즈 선생님의 문제를 직접 코딩해보는 것도 좋은 방법이다. 4.6절에서는 다른 기법을 선택하지 않은 이유가 무엇이며 어떤 중요한 원칙을 따랐는지 설명한다.

**테스트 주도 개발**test-driven development(TDD)은 프로그램을 시작하는 아주 좋은 방법 중 하나이며 이미 예제를 풀어보면서 사용한 방법이다. TDD는 5장에서 자세히 다룰 것이므로 우선 TDD는 소프트웨어가 최종적으로 수행해야 할 동작을 정의하며, 여러분은 이 동작을 차근차근 구현할 거라는 사실만 알고 넘어가자.

문서 관리 시스템은 필요에 따라 문서를 임포트해 내부 문서 저장소에 추가한다. 두 메서드를 포함하는 DocumentManagementSystem 클래스를 만들어 이 요구 사항을 구현한다.

- **void importFile(String path)**
  사용자가 문서 관리 시스템으로 임포트하려는 파일의 경로를 받는다. 제품 시스템의 사용자의 입력을 받는 공개 API이므로 java.nio.Path나 java.io.File 같이 더 안전한 형식을 지원하는 클래스 대신 평범한 String을 사용한다.

- **List<Document> contents()**
  문서 관리 시스템에 저장된 모든 문서의 목록을 반환한다.

contents()는 Document 클래스 목록을 반환한다는 점을 알 수 있다. 이 클래스가 포함하는 자세한 내용은 나중에 다시 설명한다. 우선 내용이 빈 클래스로 간주하자.

## 4.4.1 임포터

다양한 종류의 문서를 임포트하는 것이 문서 관리 시스템의 핵심 기능이다. 파일의 확장자로 파일을 어떻게 임포트할지 결정할 수 있다. 아바즈 선생님은 지금까지 우편물은 .letter, 리포트는 .report, 이미지는 .jpg인 전용 확장자를 사용해왔다.

[예제 4-1]은 문서 임포트 기능을 하나의 메서드로 가장 간단하게 구현한 예다.

```
switch(extension) {
    case "letter":
        // 우편물 임포트 코드
        break;

    case "report":
        // 레포트 임포트 코드
        break;


    case "jpg":
        // 이미지 임포트 코드
        break;

    default:
        throw new UnknownFileTypeException("For file: " + path);
}
```

위 코드로 문제를 해결할 수 있지만 확장성은 부족하다. 다른 종류의 파일을 추가할 때마다 switch문에 다른 항목을 추가해 구현해야 하기 때문이다. 시간이 지날수록 메서드가 다루기 어려울 정도로 길어지며 읽기도 어려워진다.

메인 클래스를 깔끔하고 단순하게 유지하기 위해 다양한 문서를 임포트하는 클래스로 분리하면, 각각의 임포트 동작을 따로 처리하므로 찾기 쉽고, 이해하기 쉬운 코드를 만들 수 있다. 다양한 종류의 문서 임포트를 지원하도록 먼저 Importer 인터페이스를 정의한다. Importer 인터페이스를 구현하는 각 클래스는 다양한 종류의 파일을 임포트한다.

파일을 임포트할 인터페이스가 필요하다는 사실은 알았는데, 임포트하려는 파일은 어떻게 표현해야 할까? 파일 경로를 단순히 String으로 표현하거나 java.io.File처럼 파일을 가리키는 클래스를 사용하는 다양한 방법이 있다.

강한 형식strong typed의 원칙을 적용하기 좋은 상황이다. String 대신 파일을 가리키는 전용 형식을 이용하므로 오류가 발생할 범위를 줄인다. [예제 4-2]에서는 이 원칙을 적용하기 위해 Importer 인터페이스의 파라미터로 java.io.File 객체를 사용해 임포트하는 파일을 가리킨다.

```
interface Importer {
    Document importFile(File file) throws IOException;
}
```

그런데 '문서 관리 시스템의 공개 API에서는 왜 **File**을 사용하지 않을까?'라는 의문이 생긴다. 현재는 공개 API가 다른 종류의 사용자 인터페이스로 감싸진 상태이므로 어떤 파일을 지원해야 하는지 알 수 없다. 여기서 우리는 **String** 형식으로 간단하게 일을 처리한다.

## 4.4.2 Document 클래스

이번엔 **Document** 클래스를 정의한다. 각 문서는 검색할 수 있는 다양한 속성을 포함한다. 문서의 종류에 따라 포함하는 속성이 달라진다. 다양한 방법으로 **Document**를 정의할 수 있지만 각각 장단점이 있다.

가장 간단한 방법은 **Map<String, String>**으로 속성 이름을 값과 매핑하는 방법이다. 응용프로그램에 직접 **Map<String, String>**을 사용하지 않는 이유가 뭘까? 한 문서를 모델링하려고 새 도메인 클래스를 소개하는 것은 식은 죽 먹기처럼 간단히 결정할 수 있는 일이 아니라 응용프로그램의 유지보수성과 가독성을 고려해야 하는 일이다.

우선 응용프로그램의 컴포넌트 이름을 구체적으로 지어야 함의 중요성은 아무리 강조해도 지나치지 않다. 의사소통은 왕이다! 훌륭한 소프트웨어 개발팀은 **유비쿼터스 언어**ubiquitous language로 자신의 소프트웨어를 작성한다. 아바즈 선생님이 고객과 대화할 때 사용하는 용어를 응용프로그램의 코드와 같은 의미로 사용하면 유지보수가 쉬워진다. 동료나 고객과 대화할 때 소프트웨어의 다양한 기능을 어떤 공통 언어로 약속한다. 이때 사용한 어휘를 코드로 매핑하면 코드의 어떤 부분을 바꿔야 하는지 쉽게 알 수 있다. 이를 **발견성**discoverability이라 한다.

> **NOTE_ 유비쿼터스 언어**는 에릭 에번스Eric Evans가 집필한 **도메인 주도 설계**domain–driven design에서 처음 등장했다. 유비쿼터스 언어란 개발자와 사용자 모두가 사용할 수 있도록 설계, 공유된 공통 언어를 말한다.

또한 이 책은 여러분이 클래스로 모델을 만들어 강한 형식의 원칙을 따르도록 권장한다. 많은 사람들은 프로그래밍 언어와 관련해 강한 형식이라는 용어를 자주 사용하는 반면, 이 책에서는 소프트웨어를 구현하는 실용적인 의미를 가리킨다. 강한 형식을 이용하면 데이터의 사용 방법을 규제할 수 있다. 예를 들어 Document 클래스는 불변immutable 클래스, 즉 클래스를 생성한 다음에는 클래스의 속성을 **바꿀**mutate 수 없다. Importer 구현이 문서를 만들면 이후에 수정할 수 없다. 따라서 Document의 속성에서 오류가 발생하면 해당 Document를 생성한 Importer 구현을 확인하면 되므로 오류가 발생한 원인을 좁힐 수 있다. Document의 불변성 덕분에 안전하게 Document로 색인을 만들거나 Document 정보를 캐시할 수 있다.

Document가 HashMap<String, String>을 상속받도록 설계를 결정한 개발자도 있을 것이다. HashMap은 Document 모델링에 필요한 모든 기능을 포함하므로 처음에는 이 결정이 좋아보일 수 있다. 하지만 이런 설계 방법에는 몇 가지 문제가 있다.

소프트웨어를 설계할 때 필요한 기능은 추가하면서 동시에 불필요한 기능은 제한해야 한다. Document 클래스가 HashMap을 상속하면서 응용프로그램이 Document 클래스를 바꿀 수 있도록 결정한다면 이전에 불변성으로 얻을 수 있는 모든 이득이 단번에 사라진다. 컬렉션으로 감싸면 get() 등의 메서드(아무 의미를 포함하지 않는 메서드명)로 속성을 검색하지 않고 의미를 갖는 메서드 이름을 사용할 수 있다. 상속 vs 조합의 문제는 별도의 주제이므로 뒤에서 더 자세히 다룬다.

요약하자면 도메인 클래스를 이용하면 개념에 이름을 붙이고 수행할 수 있는 동작과 값을 제한하므로 발견성을 개선하고 버그 발생 범위를 줄일 수 있다. 최종적으로 Document를 [예제 4-3]처럼 구현한다. 다른 인터페이스와 달리 public을 사용하지 않은 이유가 궁금하다면 4.6.2절을 참고하기 바란다.

**예제 4-3** Document

```java
public class Document {
    private final Map<String, String> attributes;

    Document(final Map<String, String> attributes) {
        this.attributes = attributes;
    }

    public String getAttribute(final String attributeName) {
        return attributes.get(attributeName);
```

```
        }
    }
```

---

`Document`는 패키지 영역으로 제한된 생성자를 갖고 있다는 점을 기억하자. 보통 자바 클래스의 생성자는 `public`을 사용하지만 그러면 프로젝트의 어디에서나 그 형식의 객체를 만들 수 있는 문제가 생긴다. 오직 문서 관리 시스템에서만 `Document`를 만들 수 있어야 하므로 패키지 영역으로 생성자를 제공하고, 문서 관리 시스템이 위치한 패키지에만 접근 권한을 준다.

## 4.4.3 Document 속성 및 계층

`Document` 클래스는 속성에 `String`을 사용했다. 강한 형식과는 거리가 먼 결정이지 않은가? 그렇기도 하고 그렇지 않기도 하다. 속성을 텍스트로 저장하면 텍스트로 속성을 검색할 수 있다. 또한 속성을 만든 `Importer`의 종류와 관계없이 모든 속성이 아주 일반적인 형식을 갖도록 만들려는 의도도 있다. 이런 관점에서 `String`이 그렇게 나쁜 선택은 아니다. 다만 응용프로그램에서 `String`으로 정보를 전달하는 것은 보통 좋지 않은 방법으로 알려져 있다. 이를 강한 형식strongly typed에 빗대어 문자화 형식stringly typed이라 부른다.

특히 속성값을 복잡하게 사용할 때는 다양한 속성 형식으로 파싱하는 것이 좋다. 예를 들어 특정 반경 내의 주소를 찾거나 특정 크기 이하의 높이와 너비를 가진 이미지를 검색할 때, `String`(문자화 형식)보다 강한 형식을 가진 속성이 훨씬 도움이 된다. 문자열보다는 정숫값의 너비를 더 쉽게 비교할 수 있기 때문이다. 다만 문서 관리 시스템에서는 이런 기능이 필요하지 않을 뿐이다.

`Importer`의 구성 계층을 그대로 `Document` 클래스 계층에 사용할 수 있다. 예를 들어 `Report Importer`는 `Report` 클래스(`Report`는 `Document` 클래스 상속)의 인스턴스를 임포트한다. 이렇게 하면 상속으로 기본적인 무결성 검사sanity check를 대신할 수 있다. 즉 '`Report`는 `Document` 다'라고 말할 수 있고, 그 자체로도 말이 된다. 하지만 예제에서는 이 정도로 직접적인 표현을 사용하진 않는다. OOP에서는 동작과 데이터의 관점으로 클래스를 설계하기 때문이다.

문서의 각 서브클래스가 전용 필드를 갖지 않도록 모든 알려진 속성을 범용으로 설계했다. 또한 각 문서는 자신과 관련된 동작을 거의 포함하지 않는다. 클래스 계층으로 인한 이득이 없다면 계층을 추가할 필요가 없다. 이 설명이 독단적으로 들릴 수 있겠지만 KISS 원칙으로 설명이 가능하다.

2장에서 KISS를 설명했다. KISS란 단순할수록 좋다는 의미다. 어쩔 수 없이 상황이 복잡해질 수 있지만 그래도 되도록 단순하게 일을 처리하려는 노력이 필요하다. 누군가 '어쩌면 X가 필요할지 몰라요' 또는 'Y도 할 수 있으면 좋을 텐데요'라고 말한다면 단호히 '아니요'라고 대답하자. 좋은 의도를 가진 확장성, 반드시 필요한 기능보다는 있으면 좋은 기능의 코드를 추가하다 보면 결국 설계가 얼룩지고 복잡해진다.

### 4.4.4 임포터 구현과 등록

다양한 형식의 파일을 지원하도록 Importer 인터페이스를 구현해보자. [예제 4-4]는 이미지를 임포트하는 코드다. 수많은 내장 기능을 제공한다는 점이 자바 코어 라이브러리의 강점 중 하나다. 예제에서는 ImageIO.read() 메서드를 사용해 이미지를 읽어오고 결과 BufferedImage 객체에서 이미지의 너비와 높이를 추출한다.

예제 4-4 ImageImporter

```
import static com.iteratrlearning.shu_book.chapter_04.Attributes.*;

class ImageImporter implements Importer {
    @Override
    public Document importFile(final File file) throws IOException {
        final Map<String, String> attributes = new HashMap<>();
        attributes.put(PATH, file.getPath());

        final BufferedImage image = ImageIO.read(file);
        attributes.put(WIDTH, String.valueOf(image.getWidth()));
        attributes.put(HEIGHT, String.valueOf(image.getHeight()));
        attributes.put(TYPE, "IMAGE");

        return new Document(attributes);
    }
}
```

속성명은 Attributes 클래스에 정의된 상수다. 이렇게 하면 속성명을 가리키는 문자열을 잘못 사용하는 실수를 방지할 수 있다. 예를 들어 Path를 path라고 잘못 사용할 수 있다. [예제

4-5]는 공통적으로 사용하는 용어다. `private`이나 `package` 영역 대신, 다른 `Importer`에서도 이를 사용할 수 있도록 상수를 `public`으로 정의한다. `final` 키워드를 추가하면 변수에 다른 값을 할당할 수 없으며, `static` 키워드를 이용해 클래스가 한 개의 인스턴스만 갖도록 지정한다.

**예제 4-5** 자바에서 상수를 정의하는 방법

```java
public static final String PATH = "path";
```

세 가지 종류의 파일을 임포트하는 세 가지 임포터가 필요하므로 나머지 두 임포터는 4.7절에서 구현한다. 독자 여러분이 내용을 쉽게 따라올 수 있도록 정보를 축소하거나 생략하지 않았으니 걱정하지 말자. `Importer` 클래스로 파일을 임포트하려면 `Importer` 클래스를 등록해야 한다. [예제 4-6]처럼 파일 확장자를 **Map**의 키로 사용한다.

**예제 4-6** 임포터 등록

```java
private final Map<String, Importer> extensionToImporter = new HashMap<>();

public DocumentManagementSystem() {
    extensionToImporter.put("letter", new LetterImporter());
    extensionToImporter.put("report", new ReportImporter());
    extensionToImporter.put("jpg", new ImageImporter());
}
```

문서를 임포트한 다음에는 검색 기능이 필요하다. 현재 아바즈 선생님이 요구한 정보를 얻는 것이 목표이며 구글처럼 최적화된 검색이 필요한 것은 아니므로 문서 검색의 최적화는 크게 신경 쓰지 않는다. 아바즈 선생님과 얘기하면서 **Document**의 다양한 속성으로 정보를 검색할 수 있어야 한다는 사실을 파악했다.

속성값에서 일부 문자열을 검색할 수 있다면 이 요구 사항을 구현할 수 있다. 예를 들어 환자 이름은 조[Joe]이고 본문에 Diet Coke를 포함하는 문서를 검색한다고 가정하자. 그러면 속성명과 일부 문자열 쌍을 콤마로 분리한 형태의 단순 쿼리 언어를 만들어 이를 처리한다. 위 요구 사항을 단순 쿼리 언어로 표현하면 `patient:Joe,body:Diet Coke`와 같다.

아주 최적화된 검색 기능이 아니라 단순한 검색 기능이면 되므로 시스템에 저장된 모든 문서를 하나씩 쿼리로 확인한다. search() 메서드로 전달한 쿼리 String은 Query 객체로 파싱되며 이를 각각의 Document와 대조한다.

# 4.5 리스코프 치환 원칙(LSP)

지금까지 클래스로 다양한 Importer를 구현하는 방법, Document 클래스에 계층을 추가하지 않는 이유, Document가 HashMap을 상속하지 않는 이유 등 클래스와 관련한 몇 가지 설계 결정의 이유를 설명했다. 이제 조금 더 안목을 넓혀서 지금까지 배운 예제를 소프트웨어의 모든 곳에서 적용할 수 있도록 하는 일반화된 원칙을 살펴보자. 이 원칙은 바로 **리스코프 치환 원칙**Liskov substitution principle(LSP)으로 클래스 상속과 인터페이스 구현을 올바르게 사용하도록 도와준다. LSP는 이 책 전반에 걸쳐 소개하는 SOLID 원칙 중 L에 해당한다.

많은 문서가 리스코프 치환 원칙을 아주 정형적인 용어로 설명하는데, 사실 알고 나면 아주 간단한 원칙이다. 몇 가지 관련 용어를 파헤쳐 보자. 여기서 **형식**type이라는 용어가 등장한다면 클래스나 인터페이스를 떠올리자. **하위형식**subtype이라는 용어는 두 형식이 부모와 자식 관계를 이루었음을 의미한다. 즉 클래스 상속이나 인터페이스 구현이 이에 해당한다. 간편하게 자식 클래스는 부모로부터 물려받은 행동을 유지해야 한다고 생각하자. 당연한 말처럼 들릴 수도 있겠지만 조금 더 자세히 LSP를 들여다보면 LSP를 네 개의 부분으로 쪼갤 수 있다.

---

**LSP**

$q(x)$는 $T$ 형식의 $x$ 객체를 증명할 수 있는 공식이다. 그러면 $S$ 형식의 객체 $y$가 있고 $S$가 $T$의 하위형식이라면 $q(y)$는 참이다.

---

### 하위형식에서 선행조건을 더할 수 없음

선행조건은 어떤 코드가 동작하는 조건을 결정한다. 우리는 구현한 코드가 어떻게든 실행될 것이라고 가정할 수는 없다. 예를 들어 Importer 구현은 임포트하려는 파일이 존재하며, 읽을 수 있을 것이라는 선행조건을 갖는다. 따라서 [예제 4-7]처럼 Importer를 실행하기 전에 검증을 수행하는 importFile 메서드가 필요하다.

**예제 4-7** importFile 정의

```java
    public void importFile(final String path) throws IOException {
        final File file = new File(path);
        if (!file.exists()) {
            throw new FileNotFoundException(path);
        }

        final int separatorIndex = path.lastIndexOf('.');
        if (separatorIndex != -1) {
            if (separatorIndex == path.length()) {
                throw new UnknownFileTypeException("No extension found For file: " +
path);
            }
            final String extension = path.substring(separatorIndex + 1);
            final Importer importer = extensionToImporter.get(extension);
            if (importer == null) {
                throw new UnknownFileTypeException("For file: " + path);
            }

            final Document document = importer.importFile(file);
            documents.add(document);
        } else {
            throw new UnknownFileTypeException("No extension found For file: " +
path);
        }
    }
```

LSP란 부모가 지정한 것보다 더 많은 선행조건을 요구할 수 없음을 의미한다. 예를 들어 부모가 문서의 크기를 제한하지 않았다면, 여러분은 문서의 크기가 100KB보다 작아야 한다고 요구할 수 없다.

## 하위형식에서 후행조건을 약화시킬 수 없음

첫 번째 규칙하고 비슷해서 조금 헷갈릴 수 있다. 후행조건은 어떤 코드를 실행한 다음에 만족해야 하는 규칙이다. 예를 들어 유효한 파일에 importFile()을 실행했다면 contents()가 반환하는 문서 목록에 그 파일이 반드시 포함되어야 한다. 즉 부모가 부작용을 포함하거나 어떤 값을 반환한다면 자식도 그래야 한다.

## 슈퍼형식의 불변자는 하위형식에서 보존됨

불변자란 밀물과 썰물처럼 항상 변하지 않는 어떤 것을 가리킨다. 상속 관계의 부모와 자식 클래스가 있을 때, 부모 클래스에서 유지되는 모든 불변자는 자식 클래스에서도 유지되어야 한다.

## 히스토리 규칙

LSP에서 가장 이해하기 어려운 개념 중 하나다. 기본적으로 자식 클래스는 부모가 허용하지 않은 상태 변화를 허용하지 않아야 한다. 예제의 Document는 바꿀 수 없는 불변 클래스다. 즉 Document 클래스를 인스턴스화한 다음에는 어떤 속성도 삭제, 추가, 변경할 수 없다. 모든 부모 클래스의 사용자는 Document 클래스의 메서드를 호출했을 때 어떤 일이 일어날 수 있음을 인지하고 있기 때문이다. 만약 자식이 불변이 아니라면 호출자의 예상을 뒤엎을 것이다.

# 4.6 대안

문서 관리 시스템을 완전히 다른 방법으로 설계할 수도 있다. 다른 방법을 살펴보면서 다른 관점을 배워보자. 어떤 방법이 옳고, 어떤 방법은 틀리다고 단정하긴 어렵지만 필자는 기존의 선택이 가장 좋은 방법이라 생각한다.

## 4.6.1 임포터를 클래스로 만들기

임포터의 클래스 계층을 만들고 인터페이스 대신 가장 상위에 Importer 클래스를 만드는 방법을 선택할 수도 있다. 인터페이스와 클래스는 서로 다른 기능을 제공한다. 인터페이스는 여러 개를 한 번에 구현할 수 있는 반면, 클래스는 일반 인스턴스 필드와 메서드를 갖는다.

다양한 임포트를 사용하도록 계층을 만든다. 쉽게 망가질 수 있는 상속 기반의 클래스를 피해야 한다고 설명했듯이 인터페이스를 이용하는 것이 클래스를 이용하는 것보다 명백하게 좋은 선택이다.

모든 상황에서 클래스보다 인터페이스가 좋다는 얘기가 아니므로 오해하지 말자. 문제를 해결하려는 도메인에 상태와 많은 동작이 관련되어 있어서 강력한 **is a 관계**를 모델링해야 하는 상황이라면 클래스 기반의 상속이 더 적절하다. 다만 현재 예제에서는 이런 상황이 아니므로 인터페이스가 더 적절할 뿐이다.

### 4.6.2 영역, 캡슐화 선택하기

코드를 자세히 살펴보면 Importer 인터페이스와 구현, Query 클래스는 모두 패키지 영역임을 알 수 있다. 패키지 영역은 기본 영역으로 class Query라는 구문이 나오면 패키지 영역임을 가리키며, public class Query라고 정의해야 공개 영역으로 지정된다. 같은 패키지 안의 클래스만 패키지 영역의 클래스를 **보거나 접근**할 수 있으며 패키지 밖에서는 보거나 접근할 수 없다. 패키지 영역은 일종의 은폐 장치다.

패키지가 기본 영역이지만 실제 소프트웨어를 개발할 때는 패키지 영역보다 **공개**public 영역을 더 많이 사용한다. 따라서 공개 영역을 기본으로 설정하는 것이 더 좋은 결정일 수도 있다. 어쨌든 패키지 영역도 아주 유용한 도구다. 패키지 영역을 이용해 캡슐화를 구현할 수 있기 때문이다. 4.6절에서는 시스템 설계 결정과 관련해 어떤 선택 사항이 있는지 설명했으므로 필요하다면 시스템을 유지보수하는 대안으로 코드를 리팩터링할 수 있다. 구현 중인 패키지의 세부 정보를 외부로 노출했다면 리팩터링이 어려워진다. 클래스가 외부로 노출되지 않도록 패키지 영역을 적극적으로 적용하면 내부 설계를 쉽게 바꿀 수 있다.

다시 한번 강조하지만 이 책에서는 각 설계의 당위성과 설명을 제공했을 뿐이다. 본질적으로 다른 설계 방법이 잘못되었음을 의미하지 않는다. 시간이 지나면서 응용프로그램에 다른 기법을 적용하는 것이 더 바람직할 수도 있다.

## 4.7 기존 코드 확장과 재사용

소프트웨어는 항상 변한다. 시간이 흐르면서 제품에 기능을 추가하거나, 고객의 요구 사항이 바뀌거나, 법규가 제정되면서 소프트웨어를 어쩔 수 없이 변경해야 한다. 기존에 잠깐 언급했듯이 아바즈 선생님도 나중에 문서 관리 시스템에 더 다양한 문서를 추가하고 싶어 한다. 사실 처음으로 문서 관리 시스템을 시연했을 때, 아바즈 선생님은 고객의 청구서도 문서 관리 시스템으로 추적해야 한다는 사실을 뒤늦게 알아차렸다. 청구서 문서는 본문과 금액을 포함하며 `.invocie`라는 확장자를 갖는다. [예제 4-8]은 청구서 예제다.

**예제 4-8** 청구서 예제

```
Dear Joe Bloggs

Here is your invoice for the dental treatment that you received.

Amount: $100

regards,

  Dr Avaj
  Awesome Dentist
```

다행히 아바즈 선생님의 청구서는 모두 같은 형식이다. 예제에서 볼 수 있듯이 청구서에서 `Amount:` 뒤에 붙는 금액을 추출하면 된다. 사람 이름은 **Dear** 뒤에 등장한다. 문서 관리 시스템에 [예제 4-9]의 코드처럼 제공된 접두어prefix를 포함하는 행을 찾는 범용 메서드를 구현한다. 이 예제에서 `lines`는 임포트하는 파일의 행을 포함한다. 이 메서드에 `Amount:` 같은 접두어를 제공하면 접두어 뒤에 나오는 내용을 제공된 속성명으로 연결한다.

**예제 4-9** addLineSuffix 정의

```
void addLincSuffix(final String prefix, final String allributeName) {
    for(final String line: lines) {
        if (line.startsWith(prefix)) {
            attributes.put(attributeName, line.substring(prefix.length()));
            break;
        }
    }
}
```

우편물을 임포트할 때도 비슷한 개념으로 구현한다. [예제 4-10]의 우편물 예제를 확인하자. **Dear**로 시작하는 행을 찾으면 환자의 이름을 추출할 수 있다. 우편물에서 주소와 본문 텍스트도 추출해야 한다.

```
Dear Joe Bloggs

123 Fake Street
Westminster
London
United Kingdom

We are writing to you to confirm the re-scheduling of your appointment
with Dr. Avaj from 29th December 2016 to 5th January 2017.

regards,

   Dr Avaj
   Awesome Dentist
```

환자 리포트를 임포트할 때와 비슷하게 작업한다. 우편물처럼 리포트에 환자 이름은 **Patient:** 뒤에 나타나며 본문 텍스트를 포함한다. [예제 4-11]은 리포트 예제다.

**예제 4-11** 리포트 예제

```
Patient: Joe Bloggs

On 5th January 2017 I examined Joe's teeth.
We discussed his switch from drinking Coke to Diet Coke.
No new problems were noted with his teeth.
```

따라서 [예제 4-9]처럼 접두어를 포함하는 문자열 행에서 접미어를 찾는 메서드를 모든 세 개의 텍스트 기반 임포트에 구현한다. 코드에 포함된 행의 개수만큼 작업비를 받기로 아바즈 선생님과 계약했다면 같은 동작을 하는 코드를 세 번 사용할 수 있어 쉽게 돈을 벌 수 있다!

안타깝게도(하지만 다른 방법으로 인센티브를 받을 수 있으니 괜찮다) 코드의 행 수로 비용을 지불하는 고객은 거의 없다. 중요한 것은 고객에게 필요한 기능을 제공하는 것이다. 하나의 코드를 세 개의 임포트에 재사용할 수 있다면 좋을 것이다. 코드를 재사용하려면 먼저 이 코드를 어떤 클래스에 구현해야 한다. 다음과 같은 세 가지 방법 중 하나를 선택할 수 있는데, 각각 장단점이 있다.

- **유틸리티** 클래스 사용

- **상속** 사용

- 도메인 클래스 사용

### 4.7.1 유틸리티 클래스 사용

가장 간단한 방법은 유틸리티 클래스를 만드는 것이다. `ImportUtil` 클래스를 만들어 여러 임포트에서 공유해야 하는 기능을 이 유틸리티 클래스에 구현한다. 유틸리티 클래스는 결국 여러 정적 메서드를 포함한다.

유틸리티 클래스는 그럭저럭 단순하고 쓸만하지만 객체지향 프로그래밍의 지향점과는 거리가 멀다. 객체지향에서는 클래스로 기능을 만든다. 인스턴스를 만들고 싶다면 무조건 `new Thing()`을 호출한다. `Thing`과 관련된 속성과 동작은 `Thing` 클래스의 메서드로 구현한다.

실제 객체를 클래스로 만드는 원칙을 따르면 도메인의 정신적 모델을 코드로 구조화하고 매핑시킬 수 있어 쉽게 이해할 수 있는 응용프로그램을 만들 수 있다. 우편물을 임포트하는 방식을 바꾸고 싶다면 `LetterImporter` 클래스를 수정하면 된다.

유틸리티 클래스는 이런 예상을 뒤엎으며 보통 어떤 한 의무나 개념과 상관없는 다양한 코드의 모음으로 귀결된다. 시간이 흐를수록 이는 갓 클래스의 모양을 갖춰간다. 즉 여러 의무를 담당하는 한 개의 거대 클래스가 탄생한다.

### 4.7.2 상속 사용

그럼 어떻게 동작과 개념을 연결할 수 있을까? 상속을 이용하면 이를 구현할 수 있다. 즉 각각의 임포터가 `TextImporter` 클래스를 상속받는 방법이다. `TextImporter` 클래스에 모든 공통 기능을 구현하고 서브클래스에서는 공통 기능을 재사용한다.

상속은 다양한 환경에서 사용할 수 있는 완벽히 든든한 지원군이다. 리스코프 치환 원칙을 배울 때 상속 관계에서 제약을 올바르게 추가하는 방법도 배웠다. 실제 관계를 상속으로 잘못 설정하는 상황도 종종 발생한다.

이때 `TextImporter`는 `Importer`이며 이들은 LSP 규칙을 따르지만 뭔가 허전하다. 실제 관계를 제대로 반영하지 않은 상속은 쉽게 깨질 수 있다는 점이 문제다. 시간이 흐르고 응용프로그램이 바뀔 때, 응용프로그램을 그에 맞게 바꾸는 것보다는 변화를 추상화하는 것이 더 좋다. 일반적으로 상속 관계로 코드를 재사용하는 것은 좋은 방법이 아니다.

### 4.7.3 도메인 클래스 사용

마지막으로 도메인 클래스로 텍스트 파일을 모델링하는 방법이 있다. 먼저 기본 개념을 모델링한 다음, 기본 개념이 제공하는 메서드를 호출해 다양한 임포터를 만든다. 여기서 기본 개념이 뭘까? 예제에서는 텍스트 파일의 내용을 처리해야 하므로 TextFile 클래스를 사용한다. 새롭거나 창의적이지 않다는 점이 바로 핵심이다. 클래스 이름이 매우 단순 명료해 텍스트 파일을 조작하는 함수를 어디에 추가할지 쉽게 알 수 있다.

### 도메인 클래스 구현

[예제 4-12]는 클래스와 필드를 정의하는 코드다. 문서가 항상 텍스트 파일이라는 보장이 없으므로(이미지 같은 바이너리 파일일 수 있음) TextFile은 Document의 서브클래스가 아니다. TextFile은 텍스트 파일이라는 기본 개념을 모델링하는 클래스로 텍스트 파일에서 데이터를 추출하는 메서드를 포함한다.

**예제 4-12** TextFile 정의

```
class TextFile {
    private final Map<String, String> attributes;
    private final List<String> lines;

    // 클래스 계속됨...
```

도메인 클래스를 이용하면 유연성을 개선할 수 있다고 생각해 이 책에서는 도메인 클래스로 임포터를 구현한다. 도메인 클래스를 이용하면 상속 같이 쉽게 깨질 수 있는 계층을 만들지 않으면서도 코드를 재사용할 수 있다. [예제 4-13]은 청구서를 임포트하는 방법이다. 이름, 금액을 추출하는 데 필요한 접두어와 청구서의 유형 설정도 추가했다.

```java
@Override
public Document importFile(final File file) throws IOException {
    final TextFile textFile = new TextFile(file);

    textFile.addLineSuffix(NAME_PREFIX, PATIENT);
    textFile.addLineSuffix(AMOUNT_PREFIX, AMOUNT);

    final Map<String, String> attributes = textFile.getAttributes();
    attributes.put(TYPE, "INVOICE");
    return new Document(attributes);
}
```

[예제 4-14]에서 TextFile을 사용하는 다른 임포터 예제를 확인할 수 있다. TextFile. addLines의 구현은 [예제 4-15]에서 설명하므로 신경 쓰지 말자.

**예제 4-14** 우편물 임포트

```java
@Override
public Document importFile(final File file) throws IOException {
    final TextFile textFile = new TextFile(file);

    textFile.addLineSuffix(NAME_PREFIX, PATIENT);

    final int lineNumber = textFile.addLines(2, String::isEmpty, ADDRESS);
    textFile.addLines(lineNumber + 1, (line) -> line.startsWith("regards,"), BODY);

    final Map<String, String> attributes = textFile.getAttributes();
    attributes.put(TYPE, "LETTER");
    return new Document(attributes);
}
```

하지만 처음에는 클래스를 이렇게 구현하지 않았다. 시간이 흐르면서 현재 상태로 진화했다. 처음 문서 관리 시스템을 구현할 때 첫 텍스트 기반 임포터인 LetterImporter는 자신의 클래스 안에 모든 텍스트 추출 로직을 포함했다. 처음에는 그리 나쁘지 않은 선택이다. 코드를 재사용하는 방법을 찾다가 부적절한 추상화를 선택하는 상황도 많다. 돌다리도 두드려보는 것이 좋다.

ReportImporter를 구현하면서 많은 텍스트 추출 로직이 두 개의 임포터에서 공유된다는 사실이 두드러졌고, 공통 도메인 개념을 기반으로 메서드를 호출할 수 있도록 TextFile이라는 클래스를 만들었다. 실제로 우리가 처음 코드를 구현할 때, 두 클래스가 공유하는 코드를 TextFile로 복사, 붙여넣기했다.

복사, 붙여넣기가 좋다는 의미가 아니다. 오히려 이는 멀리해야 하는 작업이다. 하지만 때로는 클래스를 만드는 것보다 코드가 조금 중복되도록 두는 것이 좋을 때도 있다. 응용프로그램을 구현하면서 올바른 추상화(예를 들어 TextFile 클래스가 필요하다는 사실이 명확해짐)를 달성할 수 있기 때문이다. 중복된 코드를 제거하는 것이 충분히 좋은 사실이라고 결정할 수 있을 만큼 정보가 충분해진 다음에 중복을 제거해도 늦지 않다.

[예제 4-15]는 TextFile.addLines 메서드를 구현하는 코드다. 이는 여러 Importer 구현에서 공통으로 사용된다. 첫 번째 인수 start는 시작할 행의 숫자를 가리키는 인덱스다. 그리고 isEnd 프레디케이트predicate를 행에 적용하면서 마지막 행에 도달하면 true를 반환한다. 마지막으로 현재값과 연결할 속성명을 제공한다.

예제 4-15 addLines 정의

```
int addLines(
    final int start,
    final Predicate<String> isEnd,
    final String attributeName) {

    final StringBuilder accumulator = new StringBuilder();
    int lineNumber;
    for (lineNumber = start; lineNumber < lines.size(); lineNumber++) {
        final String line = lines.get(lineNumber);
        if (isEnd.test(line)) {
            break;
        }

        accumulator.append(line);
        accumulator.append("\n");
    }
    attributes.put(attributeName, accumulator.toString().trim());
    return lineNumber;
}
```

# 4.8 테스트 위생

2장에서 배웠듯이 자동화된 테스트를 구현하면 소프트웨어 유지보수에 큰 도움이 된다. 자동화된 테스트는 퇴행regression이 발생하는 범위를 줄이며 어떤 동작이 문제를 일으켰는지 이해할 수 있도록 도와준다. 또한 자동화된 테스트가 있으면 자신 있게 코드를 리팩터링할 수 있다. 하지만 테스트가 만병통치약은 아니다. 이런 호화를 누리려면 코드를 많이 구현해보고 유지보수해야 하기 때문이다. 여러분도 알다시피 코드를 구현하고 유지보수하는 것은 쉽지 않다. 많은 개발자가 자동화 테스트의 첫 단추를 끼우는 일이 얼마나 어려운 일이며, 상당히 많은 개발 시간이 필요함을 깨닫곤 한다.

테스트 유지보수 문제를 해결하려면 **테스트 위생**test hygiene을 지켜야 한다. 테스트 위생이란 테스트 대상 코드베이스뿐 아니라 테스트 코드도 깔끔하게 유지하며 유지보수하고 개선해야 함을 의미한다. 테스트를 유지보수하지 않고 방치하면 시간이 지나면서 개발자의 생산성에 부담만 더해진다. 4.8절에서는 테스트 위생을 지키는 여러 핵심 요소를 배운다.

## 4.8.1 테스트 이름 짓기

테스트를 만들려면 먼저 이름을 정해야 한다. 이름을 정할 때 개발자마다 특별한 규칙을 고집하기도 한다. 이름 짓기는 모두가 참여할 수 있기에 다양한 의견이 나오기 마련이다. 테스트 이름을 짓기 전에 아주 명확하고 좋은 이름을 발견하는 상황은 흔치 않은 반면, 나쁜 이름 찾기는 더 쉽다.

첫 번째 테스트는 문서 관리 시스템에서 파일을 임포트해서 Document를 만드는 기능이다. 이 코드는 Importer 개념을 소개하기 전에 이미 만들어졌으며 Document 전용 속성은 테스트하지 않는다. [예제 4-16] 코드를 확인해보자.

**예제 4-16** 파일 임포트 테스트

```
@Test
public void shouldImportFile() throws Exception
{
    system.importFile(LETTER);

    final Document document = onlyDocument();
```

```
        assertAttributeEquals(document, Attributes.PATH, LETTER);
    }
```

테스트 이름을 shouldImportFile로 결정했다. 테스트 이름을 지을 때 가독성, 유지보수성, **실행할 수 있는 문서**의 역할을 고려한다. 테스트 클래스가 실행 중인 리포트를 봤을 때 이름만으로 어떤 기능이 동작하고 어떤 기능이 동작하지 않았는지 알 수 있어야 한다. 그래야 개발자가 응용프로그램의 동작을 어서션으로 쉽게 테스트할 수 있다. 동작과 코드가 가급적 일치해야 나중에 다른 개발자가 코드를 쉽게 이해할 수 있다. 예제에서는 문서 관리 시스템이 파일을 임포트한다는 사실을 테스트 이름으로 알 수 있다.

하지만 이름 짓기에도 여러 안티 패턴이 존재한다. 가령 test1처럼 말도 안 되는 테스트 이름은 최악의 안티 패턴이다. test1은 뭘 테스트하는 걸까? 아마도 독자의 인내심? 상대방을 고려하며 이름을 정하자.

흔히 발생하는 안티 패턴으로는 file, document처럼 개념이나 명사로 테스트의 이름을 결정하는 것이다. 테스트 이름은 개념이 아니라 테스트하는 동작을 묘사해야 한다. 동작이 아니라 테스트 중 실행하는 메서드명을 그대로 사용하는 것도 또 다른 안티 패턴이다. 예를 들어 테스트 이름을 importFile로 짓는 실수를 할 수 있다.

'shouldImportFile도 안티 패턴 아닌가요?'라고 질문하는 독자도 있을 것이다. 일리가 있지만 여기서는 테스트 중인 동작을 묘사하는 이름이다. 실제로 importFile 메서드는 다양한 테스트에서 사용된다(예를 들어 shouldImportLetterAttributes, shouldImportReportAttributes, shouldImportImageAttributes 등). 하지만 이들 테스트 중 누구도 importFile이라는 이름을 사용하지 않고, 특정 동작을 묘사한다.

지금까지 어떤 테스트 이름이 나쁜 이름인지 확인했으니 이제 좋은 이름을 살펴보자. 다음의 세 가지 모범 규칙을 적용해 테스트 이름을 짓는다.

- **도메인 용어 사용**
  문제 도메인을 설명하거나 응용프로그램에서 문제를 지칭할 때 사용하는 용어를 테스트 이름에 사용한다.

- **자연어 사용**
  모든 테스트 이름은 일반 문장처럼 쉽게 읽을 수 있어야 한다. 테스트 이름은 항상 어떤 동작을 쉽게 이해할 수 있도록 묘사해야 한다.

- **서술적**

  코드는 한 번 구현하면 여러 번 읽게 된다. 나중에 쉽게 읽을 수 있도록 애초에 시간을 들여 서술적인 좋은 이름을 붙이자. 좋은 이름이 생각나지 않으면 동료에게 도움을 받자. 골프는 타수가 적은 사람이 승자다. 하지만 프로그래밍은 다르다. 짧다고 다 좋은 것은 아니다.

DocumentManagementSystemTest에서 사용한 접두어 should를 따라 사용할지 여부는 개인의 취향에 맞춰 선택하면 된다.

## 4.8.2 구현이 아닌 동작

클래스, 컴포넌트, 시스템 테스트를 구현할 때는 대상의 **공개 동작**public behavior만 테스트한다. 문서 관리 시스템에서는 DocumentManagementSystemTest에서 공개 API의 동작 테스트만 포함한다. 이 테스트에서 DocumentManagementSystem의 공개 API를 테스트하므로 결국 전체 시스템을 테스트할 수 있다. [예제 4-17]은 API 코드다.

**예제 4-17** DocumentManagementSystem 클래스의 공개 API

```java
public class DocumentManagementSystem
{
    public void importFile(final String path) {
        ...
    }

    public List<Document> contents() {
        ...
    }

    public List<Document> search(final String query) {
        ...
    }
}
```

테스트는 객체의 내부 상태나 설계는 고려하지 않고 오직 공개 API 메서드만 이용해 테스트를 수행해야 한다. 이를 지키지 않아 유지보수하기 어려운 테스트를 만드는 실수는 개발자들이 종종 저지르는 실수다. 세부 구현에 의존한 테스트는 구현이 바뀌면(심지어 동작은 그대로일지라도) 결과가 실패로 바뀐다. [예제 4-18] 테스트를 살펴보자.

```
@Test
public void shouldImportLetterAttributes() throws Exception
{
    system.importFile(LETTER);

    final Document document = onlyDocument();

    assertAttributeEquals(document, PATIENT, JOE_BLOGGS);
    assertAttributeEquals(document, ADDRESS,
        "123 Fake Street\n" +
            "Westminster\n" +
            "London\n" +
            "United Kingdom");
    assertAttributeEquals(document, BODY,
        "We are writing to you to confirm the re-scheduling of your appointment\n" +
        "with Dr. Avaj from 29th December 2016 to 5th January 2017.");
    assertTypeIs("LETTER", document);
}
```

LetterImporter 클래스 내에 우편물 임포트 기능을 테스트하는 유닛 테스트를 포함하는 방법도 있다. 예제 파일을 읽고, 임포터에서 반환한 결과로 어서션을 지정하는 방법이다. 하지만 현재 테스트에서 LetterImporter가 세부 구현이다. 4.7절에서는 임포터 코드를 배치하는 다양한 방법을 살펴봤다. 테스트를 이처럼 구현 클래스에 배치하면 테스트를 망가뜨리지 않고 내부를 다른 설계로 리팩터링할 수 있다.

공개 API만 사용해 클래스의 동작을 테스트한다고 설명했지만, 공개, 비공개로 제한할 수 없는 일부 동작도 존재한다. 예를 들어 contents() 메서드가 반환하는 문서의 순서에 의존하고 싶지 않은 상황이라 가정하자. 이런 제한은 DocumentManagementSystem 클래스의 공개 API를 사용한다고 생긴 것이 아니므로 피할 수 없으며, 주의해서 처리해야 한다.

또한 게터나 세터로 테스트를 쉽게 만들었지만, 비공개 상태를 외부로 노출하는 안티 패턴도 흔히 볼 수 있다. 이 역시 테스트를 깨지기 쉽게 만들기 때문에 가능한 피해야 한다. 쉽게 테스트하기 위해 이처럼 상태를 노출하면, 장기적 관점에서 응용프로그램을 유지보수하기가 어렵다. 코드베이스를 바꾸면 테스트에도 영향을 미치기 때문이다. 이는 조금 더 쉽고 효과적으로 테스트할 수 있도록 새 클래스를 만드는 리팩터링이 필요하다는 신호일 수 있다.

### 4.8.3 중복 배제

4.7절에서는 응용프로그램에서 중복된 코드를 제거하는 방법을 자세히 살펴보면서 결과 코드를 어디에 추가해야 하는지 설명했다. 똑같은 원칙이 테스트 코드에도 적용된다. 안타깝게도 많은 개발자가 응용프로그램 코드에는 중복 코드를 사용하지 않으려 애쓰지만, 테스트 코드의 중복 코드는 크게 신경 쓰지 않는다. [예제 4-19]는 결과 Document가 포함하는 다른 속성을 반복적으로 확인하는 테스트다.

**예제 4-19** 이미지 임포트 테스트

```
@Test
public void shouldImportImageAttributes() throws Exception
{
    system.importFile(XRAY);

    final Document document = onlyDocument();

    assertAttributeEquals(document, WIDTH, "320");
    assertAttributeEquals(document, HEIGHT, "179");
    assertTypeIs("IMAGE", document);
}
```

일반적으로 모든 속성에서 필요한 이름을 찾아 예상값과 같은지 비교한다. [예제 4-20]은 이에 필요한 공통 로직을 assertAttributeEquals() 메서드로 추출한 코드다.

**예제 4-20** 새로운 어서션 구현

```
private void assertAttributeEquals(
    final Document document,
    final String attributeName,
    final String expectedValue)
{
    assertEquals(
        "Document has the wrong value for " + attributeName,
        expectedValue,
        document.getAttribute(attributeName));
}
```

### 4.8.4 좋은 진단

테스트는 실패하지 않으면 소용이 없다. 테스트가 실패하지 않으면 테스트가 잘 동작하는지 알 수 없기 때문이다. 실패에 최적화된 테스트를 구현하는 것이 좋다. 여기서 말하는 최적화란 실패했을 때 테스트를 더 빨리 실행할 수 있도록 만든다는 의미가 아니다. 테스트가 실패한 이유를 쉽게 이해할 수 있도록 만들어야 한다는 의미다. 이때, **좋은 진단**good diagnostics을 활용한다.

진단이란 테스트가 실패했을 때 출력하는 메시지와 정보를 의미한다. 실패한 이유를 설명하는 메시지가 명확해야 쉽게 디버깅할 수 있다. 최신 IDE는 이미 훌륭한 디버거가 내장되어 있는데, 왜 이런 귀찮은 일을 해야 하는지 의문이 들 수도 있다. 사실 테스트를 IDE에서 실행할 수도 있지만 명령줄에서 실행할 수도 있다. IDE에서 테스트를 실행하더라도 좋은 진단 정보를 제공하는 것은 언제나 좋은 일이다. 좋은 진단 정보를 어떤 형식으로 코드에 추가할 수 있을까?

[예제 4-21]은 시스템이 한 개의 문서만 포함할 것이라고 가정하는 메서드 코드다. hasSize() 메서드는 나중에 살펴본다.

**예제 4-21** 한 개의 문서를 포함하는 시스템 테스트

```java
private Document onlyDocument()
{
    final List<Document> documents = system.contents();
    assertThat(documents, hasSize(1));
    return documents.get(0);
}
```

제이유닛이 제공하는 가장 단순한 어서션 assertTrue()는 참일 것으로 예상되는 불리언값을 인수로 받는다. 예제에서 값을 0과 비교했으므로 shouldImportFile 테스트는 실패하고, 진단 결과를 보여준다. [그림 4-1]처럼 AssertionError가 발생하지만 실패한 이유를 설명하는 좋은 진단 결과는 없다. 현재 정보로는 무엇이 실패했는지 알 수 없으며 어떤 값을 비교하는지도 알 수 없다.

**예제 4-22** assertTrue 예제

```java
assertTrue(documents.size() == 0);
```

**그림 4-1** assertTrue 실패 화면

가장 흔히 사용하는 어서션은 **assertEuqals**로 이 메서드는 두 개의 값을 받아 이들이 같은지 비교한다. 다양한 기본값을 지원하는 오버로드<sup>overload</sup> 버전도 제공한다. [예제 4-23]처럼 이 메서드를 이용해 documents 리스트의 크기가 0인지 확인하는 코드로 변경해 실행한다. 그러면 [그림 4-2]처럼 이번에는 조금 더 자세한 진단이 제공된다. 실패 메시지를 보면, 0을 기대했지만 실제 값은 1임을 알 수 있다. 하지만 여전히 결정적 단서를 얻긴 어렵다.

**예제 4-23** assertEquals 예제

```
assertEquals(0, documents.size());
```

**그림 4-2** assertEquals 예제 실패 화면

가장 좋은 방법은 **매처**<sup>matcher</sup>로 컬렉션 크기를 확인하는 것이다. 이때 가장 자세한 설명 진단이 제공되기 때문이다. [예제 4-24]는 매처를 이용한 코드다. [그림 4-3]을 보면 다른 코드를 추가로 구현하지 않고도 실수를 쉽게 파악할 수 있는 가장 깔끔한 방법임을 확인할 수 있다.

**예제 4-24** assertThat 예제

```
assertThat(documents, hasSize(0));
```

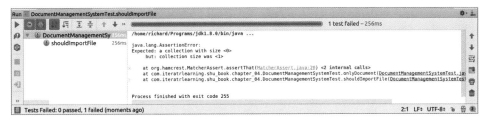

**그림 4-3** assertThat 예제 실패 화면

제이유닛의 assertThat()을 사용했다. assertThat()은 첫 번째 인수에 값을 받고 두 번째 인수로 Matcher를 받는다. Matcher는 값이 어떤 속성과 일치하는지와 관련 진단을 캡슐화한다. hasSize() 매처는 Matchers 유틸리티 클래스(다양한 매처를 포함하는 번들)에서 정적으로 임포트한 메서드로 컬렉션의 크기가 파라미터의 값과 일치하는지 확인한다. 이 매처는 햄크레스트Hamcrest[1]라는 유명한 자바 라이브러리에서 제공하는 기능을 이용해 깔끔하게 테스트 코드를 구현한다.

[예제 4-20]은 좋은 진단을 만드는 방법을 보여주는 또 다른 예제다. assertEquals는 기대한 속성의 값과 실제 값을 진단 결과로 보여준다. 하지만 속성 이름이 무엇인지는 알려주지 않으므로 실패했을 때 이를 쉽게 파악할 수 있도록 메시지 문자열을 추가했다.

## 4.8.5 오류 상황 테스트

테스트를 개발하면서 가장 흔히 저지르는 실수 중 하나는 응용프로그램의 가장 아름답고, 중요하며, 잘 동작하도록 예상된 경로만 검증하는 것이다. 먹구름만 없으면 아무 문제도 없다. 하지만 실세계에선 많은 일들이 잘못될 수 있다! 이런 상황에서 응용프로그램이 어떻게 되는지 테스트하지 않으면 제품으로 출시했을 때에도 잘 동작하리라 보장하기 어렵다.

문서 관리 시스템에 문서를 임포트할 때 다양한 문제가 발생할 수 있다. 존재하지 않는 파일이나 읽을 수 없는 파일을 임포트하려 시도하거나 텍스트를 추출하고 읽는 방법을 알 수 없는 파일을 임포트할 수 있다.

DocumentManagementSystemTest는 [예제 4-25]에서 보여주는 이 두 가지 시나리오를 테

---

**1** *http://hamcrest.org/*

스트하는 코드를 포함한다. 두 가지 테스트는 각각 문제가 발생하는 파일을 임포트한다. 제이유닛 @Test 애너테이션의 expected = 속성을 사용해 원하는 어서션을 추가한다. 이 애너테이션은 '**제이유닛 씨, 이 테스트는 이런 종류의 예외를 던질 거에요**'라는 의미를 전달한다.

예제 4-25 오류 상황 테스트

```java
@Test(expected = FileNotFoundException.class)
public void shouldNotImportMissingFile() throws Exception
{
    system.importFile("gobbledygook.txt");
}

@Test(expected = UnknownFileTypeException.class)
public void shouldNotImportUnknownFile() throws Exception
{
    system.importFile(RESOURCES + "unknown.txt");
}
```

오류가 발생하면 단순히 예외를 던지는 방법을 생각하는 독자도 있을 것이다. 하지만 발생할 예외를 예측하는 방법을 알아두면 유용하다.


## 4.8.6 상수

상수는 변하지 않는 값이다. 컴퓨터 프로그래밍 언어에서는 오래된 개념이다. 자바 프로그래밍 언어에서는 C++처럼 const 키워드는 없지만 대신 static final로 상수를 표현한다. 테스트에서는 프로그램을 어떻게 사용해야 하는지 예를 포함하므로 많은 상수를 사용한다.

상수에도 테스트에 활용되는 용도에 따라 적절한 이름을 붙이는 것이 좋다. DocumentManagementSystemTest에서는 상수를 광범위하게 사용했으며 [예제 4-26]에서 볼 수 있듯이 맨 윗부분에서 상수를 정의한다.

예제 4-26 상수

```java
public class DocumentManagementSystemTest
{
    private static final String RESOURCES =
```

```
        "src" + File.separator + "test" + File.separator + "resources" + File.
separator;
    private static final String LETTER = RESOURCES + "patient.letter";
    private static final String REPORT = RESOURCES + "patient.report";
    private static final String XRAY = RESOURCES + "xray.jpg";
    private static final String INVOICE = RESOURCES + "patient.invoice";
    private static final String JOE_BLOGGS = "Joe Bloggs";
```

# 4.9 총정리

- 문서 관리 시스템을 만드는 방법을 배웠다.

- 다양한 구현 방법에 따른 각각의 장단점을 확인했다.

- 소프트웨어 설계를 결정짓는 여러 원칙을 이해했다.

- 상속 관계에 적용하는 리스코프 치환 원칙을 배웠다.

- 상속이 부적절한 상황을 이해했다.

# 4.10 되새김

여러분의 지식을 조금 더 넓히고, 탄탄히 만들기 위해 아래의 내용을 도전해보자.

- 기존 예제 코드에 처방전을 임포트하는 구현을 추가한다. 처방전에는 환자, 약, 용량, 날짜, 약을 복용하는 조건을 포함한다. 처방전 임포트 기능이 제대로 동작하는지 확인하는 테스트도 구현해보자.

- 카타[kata][2]의 인생 게임[3]을 구현해보자.

---

**2** 옮긴이_ 카타는 연습과 반복으로 프로그래머가 기술을 다지는 훈련을 가리킨다.

**3** *http://codingdojo.org/kata/GameOfLife/*

## 4.11 도전 과제를 완료하며

아바즈 선생님은 우리가 만든 문서 관리 시스템을 매우 만족해하며 잘 사용하고 있다. 선생님의 요구 사항을 직접 듣고 설계했으며, 이를 응용프로그램의 동작과 세부 기능으로 구현해 선생님의 요구 사항을 효과적으로 만족할 수 있었다. 5장에서는 문서 관리 시스템의 요구 사항을 효과적으로 만족하는 데 기여한 TDD를 살펴본다.

# CHAPTER 5

# 비즈니스 규칙 엔진

## 5.1 도전 과제

최근 사업이 잘 진행되어 어느새 수천 명의 회사원을 가진 조직으로 성장했다. 이제 마케팅, 영업, 운영, 관리, 회계 등 많은 사람을 고용해야 한다. 최근에는 모든 비즈니스 기능이 어떤 조건에 따라 액션을 유발하는 규칙을 정의할 수 있어야 한다는 사실을 알게 되었다. 예를 들어 '잠재 고객의 직함이 CEO면 영업 팀에게 알림' 등과 같은 기능이다. 기술 팀에게 새로운 요구 사항을 만족하는 소프트웨어를 구현해달라고 요청할 수도 있지만, 아무래도 개발자들이 다른 제품 개발에 많이 바쁜 상태다. 비즈니스 팀과 기술 팀의 협업을 장려할 겸, 기술 팀과 비즈니스 팀이 함께 뭔가를 만들 수 있는 **비즈니스 규칙 엔진**Business Rules Engine을 직접 구현하기로 결정했다. 비즈니스 규칙 엔진을 완성하면 비즈니스 팀에서 직접 원하는 규칙을 만들 수 있으므로 생산성을 높이고 새로운 규칙을 구현하는 시간을 단축할 수 있다.

## 5.2 목표

5장에서는 테스트 주도 개발 기법으로 새로운 설계 문제를 풀어나가는 방법을 배운다. 그리고 유닛 테스트를 구현하는 데 유용한 모킹mocking 기법도 전반적으로 배운다. 지역 변수 형식 추론, switch문 등 몇 가지 최신 자바 기능도 살펴본다. 마지막으로 빌더 패턴builder pattern과 인터페이스 분리 원칙으로 사용자 친화적인 API 개발 방법을 배운다.

## 5.3 비즈니스 규칙 엔진 요구 사항

본격적으로 내용을 살펴보기 전에 무엇을 달성하려는지 되짚어보자. 프로그래머가 아닌 사람도 자신의 워크플로workflow에 비즈니스 로직을 추가하거나 바꿀 수 있는 기능을 만들려 한다. 예를 들어 마케팅 부서장은 한 제품에 관심이 쏠리면서 어떤 조건을 만족할 때 특별 할인을 제공하고 싶어하고 회계 부서장은 지출이 평소보다 높을 때 알람을 만들고 싶어 한다. 비즈니스 규칙 엔진으로 이런 기능을 제공하려 한다. 비즈니스 규칙 엔진은 간단한 맞춤 언어를 사용해 한 개 이상의 비즈니스 규칙을 실행하는 소프트웨어로 다양한 컴포넌트를 동시에 지원한다.

- **팩트** : 규칙이 확인할 수 있는 정보
- **액션** : 수행하려는 동작
- **조건** : 액션을 언제 발생시킬지 지정
- **규칙** : 실행하려는 비즈니스 규칙을 지정. 보통 팩트, 액션, 조건을 한 그룹으로 묶어 규칙으로 만듦

비즈니스 규칙 엔진의 생산성과 관련된 좋은 점은 규칙이 기존의 응용프로그램과는 독립된 곳에서 실행, 유지보수, 테스트할 수 있다는 점이다.

---

[1] 옮긴이_ 최소 기능 제품에 대한 자세한 정보는 *https://ko.wikipedia.org/wiki/최소_기능_제품*을 참고하자.

## 5.4 테스트 주도 개발

어디부터 시작할까? 아직 요구 사항이 확정되지 않은 유동적인 상태이므로 사용자가 수행할 기본 기능부터 나열해보자.

- 액션 추가
- 액션 실행
- 기본 보고

[예제 5-1]은 기본 기능을 기본 API로 바꾼 코드다. 아직 메서드를 구현하지 않았으므로 모든 메서드는 UnsupportedOperationException 예외를 던진다.

예제 5-1 비즈니스 규칙 엔진의 기본 API

```
public class BusinessRuleEngine {

    public void addAction(final Action action) {
        throw new UnsupportedOperationException();
    }

    public int count() {
        throw new UnsupportedOperationException();
    }

    public void run() {
        throw new UnsupportedOperationException();
    }

}
```

실행할 수 있는 코드로 액션을 만든다. Runnable 인터페이스를 사용하는 방법도 있지만 도메인을 반영해 Action이라는 별도의 인터페이스를 만드는 것이 좋다. Action 인터페이스를 이용해 비즈니스 규칙 엔진과 구체적 액션의 결합을 제거한다. Action 인터페이스는 한 개의 추상 메서드만 선언하므로 [예제 5-2]처럼 함수형 인터페이스 애너테이션을 추가할 수 있다.

```
@FunctionalInterface
public interface Action {
    void execute();
}
```

이제 실제 코드를 구현할 차례다. 5장에서는 **테스트 주도 개발**test-driven development(TDD) 방법으로 프로젝트를 진행한다. TDD 철학은 테스트 코드를 먼저 만든 후, 이에 맞춰 코드를 구현하는 것이다. 즉 실제 코드를 구현하기 전에 테스트 코드를 먼저 구현한다. 지금까지 여러분이 해온 것과는 반대일 것이다. 보통은 요구 사항에 따라 전체 코드를 완성한 다음 테스트하기 때문이다.

## 5.4.1 TDD를 사용하는 이유

왜 TDD를 사용할까? 다음과 같은 장점을 제공하기 때문이다.

• 테스트를 따로 구현하므로 테스트에 대응하는 요구 사항을 한 개씩 구현할 때마다 필요한 요구 사항에 집중하고 개선할 수 있다.

• 코드를 올바르게 조직할 수 있다. 예를 들어 먼저 테스트를 구현하면서 코드에 어떤 공개 인터페이스를 만들어야 하는지 신중히 검토하게 된다.

• TDD 주기에 따라 요구 사항 구현을 반복하면서 종합적인 테스트 스위트를 완성할 수 있으므로 요구 사항을 만족시켰다는 사실을 조금 더 확신할 수 있으며 버그 발생 범위도 줄일 수 있다.

• 테스트를 통과하기 위한 코드를 구현하기 때문에 필요하지 않은 테스트를 구현하는 일(오버엔지니어링over-engineering)을 줄일 수 있다.

## 5.4.2 TDD 주기

TDD는 [그림 5-1]처럼 다음과 같은 주기를 따른다.

1. 실패하는 테스트 구현

2. 모든 테스트 실행

3. 기능이 동작하도록 코드 구현

4. 모든 테스트 실행

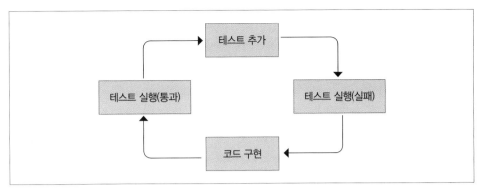

**그림 5-1** TDD 주기

실생활에서는 코드를 항상 **리팩터링**해야 하며 그렇지 않으면 유지보수할 수 없는 코드가 되기 십상이다. 리팩터링하면 코드를 바꿨을 때 뭔가 잘못되어도 의지할 수 있는 테스트 스위트를 갖는다. [그림 5-2]는 TDD 주기를 개선한 모습이다.

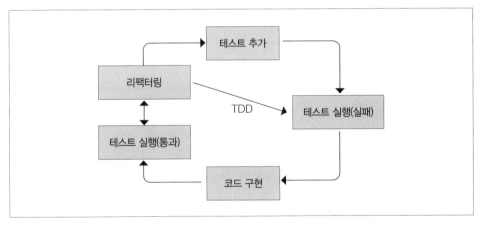

**그림 5-2** 리팩터링을 추가한 TDD 주기

TDD 원칙에 따라 [예제 5-3]처럼 `addActions`와 `count` 동작을 올바로 검증하는 테스트를 먼저 구현한다.

```
@Test
void shouldHaveNoRulesInitially() {
    final BusinessRuleEngine businessRuleEngine = new BusinessRuleEngine();

    assertEquals(0, businessRuleEngine.count());
}

@Test
void shouldAddTwoActions() {
    final BusinessRuleEngine businessRuleEngine = new BusinessRuleEngine();

    businessRuleEngine.addAction(() -> {});
    businessRuleEngine.addAction(() -> {});

    assertEquals(2, businessRuleEngine.count());
}
```

테스트를 실행하면 [그림 5-3]처럼 UnsupportedOperationException이 발생한다.

**그림 5-3** 실패하는 테스드

모든 테스트가 실패했지만 이는 의도된 것이므로 괜찮다. 드디어 코드 구현을 가이드하는 테스트 스위트가 생겼다. 이제 [예제 5-4]처럼 구현 코드를 추가한다.

**예제 5-4** 비즈니스 규칙 엔진 기본 구현

```
public class BusinessRuleEngine {

    private final List<Action> actions;

    public BusinessRuleEngine() {
        this.actions = new ArrayList<>();
```

```
    }

    public void addAction(final Action action) {
        this.actions.add(action);
    }

    public int count() {
        return this.actions.size();
    }

    public void run(){
        throw new UnsupportedOperationException();
    }
}
```

다시 테스트를 실행하면 통과된다. 하지만 중요한 동작이 하나 빠졌다. 메서드 run()의 테스트는 어떻게 구현할까? 안타깝게도 run()은 결과를 반환하지 않는다. run()의 동작을 제대로 확인하려면 모킹이라는 새로운 기술이 필요하다.


## 5.5 모킹

**모킹**mocking은 run()이 실행되었을 때 이를 확인하는 기법으로, 비즈니스 규칙에 액션을 추가할 때마다 run()이 실행되었는지 확인한다. 현재는 BusinessRuleEngine의 run() 메서드와 Action의 perform() 메서드가 모두 void를 반환하므로 모킹 없이는 이를 검증하기 어렵다. 어서션을 구현할 방법이 없기 때문이다. 모킹은 6장에서 자세히 설명하므로 여기서는 테스트를 구현할 수 있을 정도로만 간단히 설명한다. 자바의 유명한 모킹 라이브러리인 모키토mockito를 이용한다. 간단하게 설명하면 다음과 같은 방법으로 모킹을 사용한다.

1. 목mock 생성
2. 메서드가 호출되었는지 확인

먼저 라이브러리를 임포트한다.

```
import static org.mockito.Mockito.*;
```

이제 mock(), verify() 메서드를 사용할 수 있다. 정적 메서드 mock()으로 필요한 목 객체를 만들고 특정 동작이 실행되었는지 확인한다. verify() 메서드로 특정 메서드가 호출되었는지 확인하는 어서션을 만든다. [예제 5-5]는 모킹 예제 코드다.

예제 5-5 모킹으로 Action 객체 상호작용 검증하기

```java
@Test
void shouldExecuteOneAction() {
        final BusinessRuleEngine businessRuleEngine = new BusinessRuleEngine();
        final Action mockAction = mock(Action.class);

        businessRuleEngine.addAction(mockAction);
        businessRuleEngine.run();

        verify(mockAction).perform();
}
```

mock() 메서드에 Action 객체를 인수로 전달하면 유닛 테스트로 Action의 목 객체를 만들수 있다. 이제 동작을 실행하는 **when** 부분을 구현해보자. 예제에서는 액션을 추가하고 run() 메서드를 호출하는 코드가 when 부분에 해당한다. 마지막으로 유닛 테스트의 **then** 부분에서 어서션을 설정한다. 예제에서는 Action 객체에 perform() 메서드가 호출되었는지 확인한다.

이 유닛 테스트를 실행하면 예상대로 UnsupportedOperationException이 발생하면서 실패한다. run()의 바디에 코드가 없다면 어떤 일이 일어날까? 새로운 예외 트레이스가 나타난다.

```
Wanted but not invoked:
action.perform();
-> at BusinessRuleEngineTest.shouldExecuteOneAction(BusinessRuleEngineTest.java:35)
Actually, there were zero interactions with this mock.
```

이는 모키토에서 발생된 것으로 perform() 메서드가 호출되지 않았다는 오류다. 이제 [예제 5-6]처럼 run() 메서드를 올바르게 구현해보자.

예제 5-6 run() 메서드 구현

```java
public void run() {
    this.actions.forEach(Action::perform);
}
```

다시 테스트를 실행하면 테스트가 통과된다. 모키토 덕분에 비즈니스 규칙 엔진이 실행될 때 Action 객체의 perform() 메서드가 호출되었는지 확인할 수 있었다. 모키토를 이용해 메서드가 몇 번 호출되었는지, 어떤 인수가 제공되었는지 등 조금 더 복잡한 검증 로직도 실행할 수 있다. 더 자세한 사항은 6장에서 설명한다.

## 5.6 조건 추가하기

현재 비즈니스 규칙 엔진은 일부 기능(간단한 액션 선언 기능)만 제공한다. 실제 업무에서는 비즈니스 규칙 엔진으로 특정 조건을 만족하면 액션을 수행하도록 설정할 수 있어야 한다. 이 조건은 어떤 팩트에 의존한다. 예를 들어 '**잠재 고객의 직함이 CEO**'면 알림 같은 상황이다.

### 5.6.1 상태 모델링

[예제 5-7]처럼 익명 클래스로 액션을 추가하면서 지역 변수를 참조하거나 [예제 5-8]처럼 람다 표현식으로 코드를 구현할 수 있다.

**예제 5-7** 익명 클래스로 액션 추가

```
// 폼으로부터 이 객체를 만들 수 있음
final Customer customer = new Customer("Mark", "CEO");

businessRuleEngine.addAction(new Action() {

    @Override
    public void perform() {
        if ("CEO".equals(customer.getJobTitle())) {
            Mailer.sendEmail("sales@company.com", "Relevant customer: " + customer);
        }
    }
});
```

```
// 폼으로부터 이 객체를 만들 수 있음
final Customer customer = new Customer("Mark", "CEO");

businessRuleEngine.addAction(() -> {
    if ("CEO".equals(customer.getJobTitle())) {
        Mailer.sendEmail("sales@company.com", "Relevant customer: " + customer);
    }
});
```

하지만 이 방식에는 다음과 같은 문제가 있다.

1. 액션을 어떻게 테스트할까? customer 객체가 하드코딩된 디펜던시를 가지기 때문에 기능 코드가 독립적이지 않다.

2. customer 객체는 액션과 그룹화되어 있지 않다. customer 객체는 여러 곳에 공유된 외부 상태external state이므로 의무가 혼란스럽게 엉킨다.

어떻게 이 문제를 해결할 수 있을까? 비즈니스 규칙 엔진 내의 액션에서 사용할 수 있는 상태로 캡슐화해야 한다. 이 요구 사항을 Facts라는 새 클래스로 만들자. Facts는 비즈니스 규칙 엔진 일부의 필요한 상태를 가리키며 Action 인터페이스도 Facts에 근거해 동작하도록 수정한다. [예제 5-9]는 개선한 유닛 테스트 코드다. 유닛 테스트는 비즈니스 규칙 엔진을 실행하고 Facts 객체를 인수로 전달했을 때 지정된 액션이 실제로 실행되는지 확인한다.

예제 5-9 Facts로 액션 테스트

```
@Test
public void shouldPerformAnActionWithFacts() {
    final Action mockAction = mock(Action.class);
    final Facts mockFacts = mock(Facts.class);
    final BusinessRuleEngine businessRuleEngine = new BusinessRuleEngine(mockedFacts);

    businessRuleEngine.addAction(mockAction);
    businessRuleEngine.run();

    verify(mockAction).perform(mockFacts);
}
```

TDD의 철학에 따라 처음에 이 테스트는 실패한다. 항상 처음에는 테스트를 실행해 테스트가 실패했는지 확인해야 한다. 그렇지 않으면 우연히 통과하는 테스트를 만들 수 있기 때문이다. API를 바꾸고 코드를 구현해 테스트를 통과해야 한다. 우선 키와 값으로 이루어진 팩트를 저장할 Facts 클래스를 만들자. 상태를 모델링하는 Facts 클래스를 따로 만들면 공개 API로 사용자에게 제공할 기능을 조절할 수 있으며, 클래스의 동작을 유닛 테스트할 수 있다. 일단 Facts 클래스는 String 키와 String 값만 지원한다. [예제 5-10]은 Facts 클래스 코드다.

예제 5-10 Facts 클래스

```java
public class Facts {

    private final Map<String, String> facts = new HashMap<>();

    public String getFact(final String name) {
        return this.facts.get(name);
    }

    public void addFact(final String name, final String value) {
        this.facts.put(name, value);
    }
}
```

perform() 메서드가 인수로 전달된 Facts 객체를 사용할 수 있도록 Action 인터페이스를 리팩터링한다. 이렇게 해서 각 Action은 고유의 팩트를 가짐을 알 수 있다(예제 5-11).

예제 5-11 Facts를 인수로 받는 Action 인터페이스

```java
@FunctionalInterface
public interface Action {
    void perform(Facts facts);
}
```

마지막으로 [예제 5-12]처럼 팩트를 이용하도록 BusinessRuleEngine 클래스를 갱신하고 Action의 perform() 메서드를 변경한다.

```java
public class BusinessRuleEngine {

    private final List<Action> actions;
    private final Facts facts;

    public BusinessRuleEngine(final Facts facts) {
        this.facts = facts;
        this.actions = new ArrayList<>();
    }

    public void addAction(final Action action) {
        this.actions.add(action);
    }

    public int count() {
        return this.actions.size();
    }

    public void run() {
        this.actions.forEach(action -> action.perform(facts));
    }
}
```

이제 액션에서 Facts 객체를 이용할 수 있으므로 [예제 5-13]처럼 Facts 객체의 내용을 확인하는 로직을 추가한다.

예제 5-13 Facts를 이용하는 액션

```java
businessRuleEngine.addAction(facts -> {
    final String jobTitle = facts.getFact("jobTitle");
    if ("CEO".equals(jobTitle)) {
        final String name = facts.getFact("name");
        Mailer.sendEmail("sales@company.com", "Relevant customer: " + name);
    }
});
```

더 다양한 예를 살펴보자. 이 과정에서 다음과 같은 최신 자바 기능 두 가지를 살펴본다.

- 지역 변수 형식 추론
- switch문

## 5.6.2 지역 변수 형식 추론

자바 10은 지역 변수 형식 추론 기능을 지원한다. **형식 추론**type inference이란 컴파일러가 정적 형식을 자동으로 추론해 결정하는 기능으로 사용자는 더 이상 명시적으로 형식을 지정할 필요가 없다. [예제 5-10]에서 본 것처럼 다음과 같은 코드도 형식 추론의 예다.

```
Map<String, String> facts = new HashMap<>();
```

아래 코드 대신 위 코드면 충분하다.

```
Map<String, String> facts = new HashMap<String, String>();
```

이 기능은 자바 7에서 추가된 **다이아몬드 연산자**diamond operator라는 기능이다. 이 기능 덕분에 개발자는 콘텍스트에서 파라미터 형식을 알 수 있는 상황이라면 제네릭의 형식 파라미터(예제에서는 String, String)를 생략할 수 있다. 위 코드에서 할당문의 왼쪽은 Map의 키와 값이 모두 String임을 가리킨다.

자바 10부터는 형식 추론이 지역 변수까지 확장 적용된다. 예를 들어 [예제 5-14] 코드를 [예제 5-15]처럼 var 키워드와 형식 추론으로 구현할 수도 있다.

**예제 5-14** 명시적 형식으로 지역 변수 선언

```
Facts env = new Facts();
BusinessRuleEngine businessRuleEngine = new BusinessRuleEngine(env);
```

**예제 5-15** 지역 변수 형식 추론

```
var env = new Facts();
var businessRuleEngine = new BusinessRuleEngine(env);
```

[예제 5-15]에서는 모두 var 키워드를 사용했으므로 env 변수는 Facts라는 정적 형식을 가지며 businessRuleEngine 변수는 BusinessRuleEngine이라는 정적 형식을 갖는다.

형식 추론을 이용하면 자바 코드 구현 시간을 단축할 수 있다. 하지만 항상 이 기능을 사용해야 할까? 개발자는 코드를 구현하는 것보다 읽는 데 더 많은 시간을 소비한다는 사실을 기억하자. 즉 코드를 쉽게 구현하는 것보다 코드를 쉽게 읽을 수 있느냐가 더 중요하다. var를 이용한 이득은 주관적이다. 따라서 var를 사용해도 가독성에 문제가 없다면 var를 사용하고 그렇지 않다면 var를 사용하지 않는 것이 좋다. 예를 들면 [예제 5-13]을 지역 변수 추론을 사용해 [예제 5-16]처럼 깔끔하게 리팩터링할 수 있다.

**예제 5-16** facts와 지역 변수 추론을 이용한 액션

```
businessRuleEngine.addAction(facts -> {
    var jobTitle = facts.getFact("jobTitle");
    if ("CEO".equals(jobTitle)) {
        var name = facts.getFact("name");
        Mailer.sendEmail("sales@company.com", "Relevant customer: " + name);
    }
});
```

### 5.6.3 switch문

지금까지는 액션이 한 가지 조건만 처리했다. 한 가지 조건으로는 처리하기 어려운 상황이 많다. 영업 팀과 협업하는 상황을 가정해보자. 영업 팀은 **고객 관계 관리**customer relationship management(CRM) 시스템에 다양한 거래 상태와 특정 금액을 갖는 여러 거래를 저장하고 싶어 한다. 거래 상태는 enum Stage로 [예제 5-17]처럼 LEAD, INTERESTED, EVALUATING, CLOSED의 값을 갖는다.

**예제 5-17** 다양한 거래 상태를 나타내는 enum

```
public enum Stage {
    LEAD, INTERESTED, EVALUATING, CLOSED
}
```

거래 상태에 따라 거래 성사 가능성을 제공하는 규칙을 할당할 수 있다. 덕분에 영업 팀은 예상치를 만들 수 있다. 어떤 팀에서는 **LEAD** 상태가 20퍼센트의 가능성으로 환산되므로 미화 1,000달러가 걸린 **LEAD** 상태의 거래는 약 200달러의 예상치로 계산된다. [예제 5-18]처럼 특정 거래의 예상치를 반환하는 규칙을 모델링하는 액션을 만들어보자.

**예제 5-18** 특정 거래의 예상치를 계산하는 규칙

```
businessRuleEngine.addAction(facts -> {
    var forecastedAmount = 0.0;
    var dealStage = Stage.valueOf(facts.getFact("stage"));
    var amount = Double.parseDouble(facts.getFact("amount"));
    if(dealStage == Stage.LEAD){
        forecastedAmount = amount * 0.2;
    } else if (dealStage == Stage.EVALUATING) {
        forecastedAmount = amount * 0.5;
    } else if(dealStage == Stage.INTERESTED) {
        forecastedAmount = amount * 0.8;
    } else if(dealStage == Stage.CLOSED) {
        forecastedAmount = amount;
    }
    facts.addFact("forecastedAmount", String.valueOf(forecastedAmount));
});
```

[예제 5-18] 코드는 각 **enum**에 대응하는 값을 제공한다. [예제 5-19]처럼 **switch**문을 이용

하면 조금 더 깔끔하게 코드를 정리할 수 있다.

**예제 5-19** switch문을 이용해 특정 거래의 예상치를 계산하는 규칙

```
switch (dealStage) {
    case LEAD:
        forecastedAmount = amount * 0.2;
        break;
    case EVALUATING:
        forecastedAmount = amount * 0.5;
        break;
    case INTERESTED:
        forecastedAmount = amount * 0.8;
        break;
    case CLOSED:
        forecastedAmount = amount;
        break;
}
```

[예제 5-19]의 모든 조건 블록은 break문을 포함한다. break문은 switch문의 다음 블록이 실행되는 것을 방지한다. break를 실수로 빼먹으면 폴스루<sup>fall-through</sup> 모드로 실행된다. 즉 다음 블록이 의도치 않게 실행되면서 사소한 버그가 발생할 수 있다. 자바 12(언어 기능 미리 보기 모드)에서는 새로운 switch문을 이용해 여러 break문을 사용하지 않고도 폴스루를 방지할 수 있다. [예제 5-20]은 새로운 switch문을 사용한 코드다.

**예제 5-20** 폴스루를 방지하는 switch문

```
var forecastedAmount = amount * switch (dealStage) {
    case LEAD -> 0.2;
    case EVALUATING -> 0.5;
    case INTERESTED -> 0.8;
    case CLOSED -> 1;
}
```

새로운 switch를 이용하면 가독성이 좋아질 뿐만 아니라 모든 가능성을 확인하는 **소모 검사** exhaustiveness도 이루어진다. 즉 enum에 switch를 사용하면 자바 컴파일러가 모든 enum 값을 switch에서 소모했는지 확인한다. 예를 들어 CLOSED를 처리하지 않으면 자바 컴파일러에 다음과 같은 오류가 발생한다.

```
error: the switch expression does not cover all possible input values.
```

[예제 5-21]처럼 switch문으로 전체 액션을 다시 구현한다.

**예제 5-21** 특정 거래의 예상치를 계산하는 규칙

```
businessRuleEngine.addAction(facts -> {
    var dealStage = Stage.valueOf(facts.getFact("stage"));
    var amount = Double.parseDouble(facts.getFact("amount"));
    var forecastedAmount = amount * switch (dealStage) {
        case LEAD -> 0.2;
        case EVALUATING -> 0.5;
        case INTERESTED -> 0.8;
        case CLOSED -> 1;
    }
    facts.addFact("forecastedAmount", String.valueOf(forecastedAmount));
});
```

## 5.6.4 인터페이스 분리 원칙

비즈니스 규칙 엔진 사용자가 사용할 수 있는 액션과 조건을 검사할 수 있도록 **인스펙터**inspector 도구를 개발해 제공하려 한다. 예를 들면 실제 액션을 수행하지 않고도 각 액션과 관련된 조건을 기록해야 한다. 어떻게 이를 구현할 수 있을까? 현재 Action 인터페이스로는 수행 코드와 코드를 실행시키는 조건이 분리되어 있지 않아 이를 구현할 수 없다. 지금 코드에서는 액션 코드로부터 조건을 분리할 수 없다. 조건을 분리하려면 조건을 평가하는 기능을 내장하도록 Action 인터페이스를 개선해야 한다. [예제 5-22]처럼 evaluate()라는 새 메서드를 포함하도록 ConditionalAction 인터페이스를 만든다.

**예제 5-22** ConditionalAction 인터페이스

```
public interface ConditionalAction {
    boolean evaluate(Facts facts);
    void perform(Facts facts);
}
```

이제 [예제 5-23]처럼 ConditionalAction 객체 목록을 받아 팩트로 이를 평가하는 기본 Inspector 클래스를 구현한다. Inspector는 팩트, 조건부 액션, 결과를 포함하는 리포트 목록을 반환한다. [예제 5-24]는 Report 클래스를 구현하는 코드다.

**예제 5-23** 조건 인스펙터

```java
public class Inspector {

    private final List<ConditionalAction> conditionalActionList;

    public Inspector(final ConditionalAction...conditionalActions) {
        this.conditionalActionList = Arrays.asList(conditionalActions);
    }

    public List<Report> inspect(final Facts facts) {
        final List<Report> reportList = new ArrayList<>();
        for (ConditionalAction conditionalAction : conditionalActionList) {
            final boolean conditionResult = conditionalAction.evaluate(facts);
            reportList.add(new Report(facts, conditionalAction, conditionResult));
        }
        return reportList;
    }
}
```

**예제 5-24** Report 클래스

```java
public class Report {

    private final ConditionalAction conditionalAction;
    private final Facts facts;
    private final boolean isPositive;

    public Report(final Facts facts,
                  final ConditionalAction conditionalAction,
                  final boolean isPositive) {
        this.facts = facts;
        this.conditionalAction = conditionalAction;
        this.isPositive = isPositive;
    }
```

```
    public ConditionalAction getConditionalAction() {
        return conditionalAction;
    }

    public Facts getFacts() {
        return facts;
    }

    public boolean isPositive() {
        return isPositive;
    }

    @Override
    public String toString() {
        return "Report{" +
                "conditionalAction=" + conditionalAction +
                ", facts=" + facts +
                ", result=" + isPositive +
                '}';
    }
}
```

Inspector는 어떻게 테스트할까? [예제 5-25]처럼 간단한 유닛 테스트부터 구현한다. 이 테스트는 현재 설계에 기초적인 문제가 있음을 보여준다. 사실, ConditionalAction 인터페이스는 **인터페이스 분리 원칙**interface segregation principle (ISP)을 위반한다.

**예제 5-25** ISP 위반 사례

```
public class InspectorTest {

    @Test
    public void inspectOneConditionEvaluatesTrue() {

        final Facts facts = new Facts();
        facts.setFact("jobTitle", "CEO");
        final ConditionalAction conditionalAction = new JobTitleCondition();
        final Inspector inspector = new Inspector(conditionalAction);

        final List<Report> reportList = inspector.inspect(facts);

        assertEquals(1, reportList.size());
```

```
            assertEquals(true, reportList.get(0).isPositive());
    }

    private static class JobTitleCondition implements ConditionalAction {

        @Override
        public void perform(Facts facts) {
            throw new UnsupportedOperationException();
        }

        @Override
        public boolean evaluate(Facts facts) {
            return "CEO".equals(facts.getFact("jobTitle"));
        }
    }
}
```

인터페이스 분리 원칙이 뭘까? `perform()` 메서드의 구현 코드는 비어 있으며 Unsupported OperationException을 던진다. 필요한 기능 이상을 제공하는 인터페이스인 Conditional Action과 결합된 상황이다. 우리가 원하는 것은 참 또는 거짓으로 평가할 수 있는 어떤 조건을 모델링하는 것이다. 하지만 결과적으로 인터페이스의 일부인 `perform()` 메서드에 의존하게 되었다.

인터페이스 분리 원칙은 다음 사상을 추구한다. 어떤 클래스도 사용하지 않는 메서드에 의존성을 갖지 않아야 한다. 이는 불필요한 결합을 만들기 때문이다. 2장에서는 응집도를 촉진하는 단일 책임 원칙(SRP)을 배웠다. SRP는 클래스가 한 개의 기능만 의무로 가져야 하며 클래스를 바꾸는 이유 역시 한 가지여야 한다는 일반적인 설계 가이드라인이다. ISP도 이 원칙과 비슷하게 들릴 수 있지만 관점이 다르다. ISP는 설계가 아닌 사용자 인터페이스에 초점을 둔다. 즉 인터페이스가 커지면 인터페이스 사용자는 결국 사용하지 않는 기능을 갖게 되며 이는 불필요한 결합도를 만든다.

인터페이스 분리 원칙을 따르려면 현재의 개념을 독자적인 작은 개념으로 쪼개야 한다. 이 원칙을 따르면 응집도도 높아진다. 인터페이스를 분리하면 Condition, Action처럼 도메인과 가까운 이름을 사용할 가능성이 커지기 때문이다. 다음 절에서 더 자세히 살펴보자.

# 5.7 플루언트 API 설계

사용자가 복잡한 조건을 포함하는 액션을 추가하는 기능을 성공적으로 제공했다. 개선된 switch문으로 조건을 만들었다. 하지만 단순한 조건을 추가할 비즈니스 사용자에게 개선된 switch문은 그리 친숙한 문법이 아니다. 따라서 비즈니스 사용자의 도메인에 맞춰 단순하게 규칙(조건과 액션)을 추가하는 기능을 제공하려 한다. 5.7절에서는 빌더 패턴이란 무엇이며 플루언트 API<sup>Fluent API</sup>가 이 기능을 제공하는 데 어떤 도움을 주는지 배워본다.

## 5.7.1 플루언트 API란

플루언트 API란 특정 문제를 더 직관적으로 해결할 수 있도록 특정 도메인에 맞춰진 API를 가리킨다. 플루언트 API의 **메서드 체이닝**<sup>method chaining</sup>을 이용하면 더 복잡한 연산도 지정할 수 있다. 여러분은 이미 몇 가지 유명한 플루언트 API를 접해봤을 것이다.

- 자바 스트림 API<sup>Stream API</sup>(`https://oreil.ly/549wN`)에서는 문제를 실제로 해결하는 데 필요한 언어를 사용하는 것처럼 데이터 처리 쿼리를 지정한다.
- 스프링 통합<sup>Spring Integration</sup>(`https://oreil.ly/rMIMD`)은 엔터프라이즈 통합 패턴 도메인에 가까운 어휘로 엔터프라이즈 통합 패턴을 지정하는 자바 API를 제공한다.
- jOOQ(`https://www.jooq.org/`)는 직관적 API로 다양한 데이터베이스와 상호작용하는 기능을 제공하는 라이브러리다.

## 5.7.2 도메인 모델링

비즈니스 사용자의 편의성을 어떻게 개선할 수 있을까? '어떤 조건이 주어졌을 때(when)', '이런 작업을 한다(then)' 같은 간단한 조합을 규칙으로 지정할 수 있게 한다. 이 도메인에는 세 가지 개념이 등장한다.

- **조건** : 어떤 팩트에 적용할 조건(참이나 거짓으로 평가됨).
- **액션** : 실행할 연산이나 코드 집합.
- **규칙** : 조건과 액션을 합친 것. 조건이 참일 때만 액션을 실행한다.

도메인의 개념을 정의했으니 이를 자바로 옮기자. 먼저 [예제 5-26]처럼 `Condition` 인터페이스를 정의하고 기존 **Action** 인터페이스를 재사용한다. 자바 8에서 제공하는 `java.util.function.Predicate` 인터페이스를 사용할 수 있지만, 현재 도메인에는 **Condition**이라는 이름이 더 적합하다.

> **NOTE_** 좋은 이름은 코드가 어떤 문제를 해결하는지 이해하는 데 도움을 주므로 프로그래밍에서 좋은 이름은 아주 중요하다. 대부분의 상황에서 인터페이스의 '모양'(파라미터와 반환 형식의 관점)보다 이름이 더 중요하다. 코드를 읽는 사람은 이름으로 문맥적 정보를 얻기 때문이다.

**예제 5-26** Condition 인터페이스

```
@FunctionalInterface
public interface Condition {
    boolean evaluate(Facts facts);
}
```

그럼 규칙의 개념을 어떻게 모델링할 수 있을까? `perform()`이라는 연산을 수행하는 **Rule** 인터페이스를 정의한다. 이제 다양한 **Rule**을 구현할 수 있다. [예제 5-27]처럼 **Condition**, **Action** 객체를 함께 포함하는 **DefaultRule**이라는 클래스로 기본 구현을 제공한다.

**예제 5-27** 규칙의 개념 모델링

```
@FunctionalInterface
interface Rule {
    void perform(Facts facts);
}

public class DefaultRule implements Rule {

    private final Condition condition;
    private final Action action;

    public Rule(final Condition condition, final Action action) {
        this.condition = condition;
        this.action = action;
    }
```

```
    public void perform(final Facts facts) {
        if(condition.evaluate(facts)){
            action.execute(facts);
        }
    }
}
```

이 모든 다양한 요소로 어떻게 새 규칙을 만들 수 있을까? [예제 5-28]을 참고하자.

**예제 5-28** 규칙 만들기

```
final Condition condition = (Facts facts) -> "CEO".equals(facts.getFact("jobTitle"));
final Action action = (Facts facts) -> {
    var name = facts.getFact("name");
    Mailer.sendEmail("sales@company.com", "Relevant customer!!!: " + name);
};

final Rule rule = new DefaultRule(condition, action);
```

## 5.7.3 빌더 패턴

코드에 도메인과 밀접한 이름(Condition, Action, Rule)을 사용했지만 여전히 코드는 수동적이다. 사용자가 각 객체를 인스턴스화한 다음, 한데로 모아야 한다. **빌더 패턴**builder pattern으로 Rule 객체와 필요한 조건, 액션을 만드는 과정을 개선해보자. 빌더 패턴은 단순하게 객체를 만드는 방법을 제공한다. 빌더 패턴은 생성자의 파라미터를 분해해서 각각의 파라미터를 받는 여러 메서드로 분리한다. 덕분에 각 메서드는 도메인이 다루는 문제와 비슷한 이름을 갖는다. 예를 들어 when, then이라는 용어를 사용하려 한다. [예제 5-29]는 DefaultRule 객체를 설정하는 빌더 패턴 코드다. 조건을 제공하며 this(예를 들어 현재 인스턴스)를 반환하는 when() 메서드도 추가했다. when()은 this를 반환하므로 메서드를 연쇄적으로 연결한다. 마지막으로 DefaultRule 객체를 생성하는 createRule() 메서드가 있다.

**예제 5-29** 규칙을 만드는 빌더 패턴

```
public class RuleBuilder {
    private Condition condition;
```

```
    private Action action;

    public RuleBuilder when(final Condition condition) {
        this.condition = condition;
        return this;
    }

    public RuleBuilder then(final Action action) {
        this.action = action;
        return this;
    }

    public Rule createRule() {
        return new DefaultRule(condition, action);
    }
}
```

[예제 5-30]처럼 새 클래스를 이용해 RuleBuilder를 만들고 when(), then(), createRule()
로 Rule을 설정한다. 플루언트 API 설계의 핵심이 메서드 체이닝이다.

**예제 5-30** RuleBuilder 사용

```
Rule rule = new RuleBuilder()
        .when(facts -> "CEO".equals(facts.getFact("jobTitle")))
        .then(facts -> {
            var name = facts.getFact("name");
            Mailer.sendEmail("sales@company.com", "Relevant customer: " + name);
        })
        .createRule();
```

이제 코드가 쿼리와 비슷한 형태로 보이며 규칙의 개념, when(), then() 등 도메인 용어를 내장
생성자로 활용한다. 하지만 여전히 API 사용자를 당황하게 만드는 두 가지 문제가 남아 있다.

- 빈 RuleBuilder 인스턴스화
- createRule() 메서드 호출

API를 조금 개선해 이 문제를 해결해보자. 세 가지 방법으로 이 문제를 해결할 수 있다.

- 사용자가 명시적으로 생성자를 호출하지 못하도록 생성자를 비공개로 설정한다. 그러려면 API에 다른
  진입점을 만들어야 한다.

- when() 메서드를 정적 메서드로 만들어 이 메서드를 사용자가 직접 호출하면 예전 생성자를 호출하도록 한다. 게다가 정적 메서드를 제공하므로 Rule 객체를 설정하려면 어떤 메서드를 이용해야 하는지 쉽게 알 수 있으므로 발견성도 개선된다.
- then() 메서드가 DefaultRule 객체의 최종 생성을 책임진다.

[예제 5-31]은 RuleBuilder를 개선한 코드다.

**예제 5-31** RuleBuilder 개선 버전

```java
public class RuleBuilder {
    private final Condition condition;

    private RuleBuilder(final Condition condition) {
        this.condition = condition;
    }

    public static RuleBuilder when(final Condition condition) {
        return new RuleBuilder(condition);
    }

    public Rule then(final Action action) {
        return new DefaultRule(condition, action);
    }
}
```

이제 [예제 5-32]처럼 RuleBuilder.when() 메서드를 호출하고 then()을 호출하므로 간단히 규칙을 만들 수 있다.

**예제 5-32** 개선된 RuleBuilder 사용

```java
final Rule ruleSendEmailToSalesWhenCEO = RuleBuilder
        .when(facts -> "CEO".equals(facts.getFact("jobTitle")))
        .then(facts -> {
            var name = facts.getFact("name");
            Mailer.sendEmail("sales@company.com", "Relevant customer!!!: " + name);
        });
```

RuleBuilder를 리팩터링했으므로 [예제 5-33]처럼 비즈니스 규칙 엔진이 액션 대신 규칙을 지원하도록 리팩터링한다.

```java
public class BusinessRuleEngine {

    private final List<Rule> rules;
    private final Facts facts;

    public BusinessRuleEngine(final Facts facts) {
        this.facts = facts;
        this.rules = new ArrayList<>();
    }

    public void addRule(final Rule rule) {
        this.rules.add(rule);
    }

    public void run() {
        this.rules.forEach(rule -> rule.perform(facts));
    }

}
```

# 5.8 총정리

- 테스트 주도 개발 철학에 따르면 먼저 테스트를 구현하고 이를 가이드 삼아 코드를 구현한다.

- 모킹으로 유닛 테스트에서 어떤 동작이 실행되었는지 확인한다.

- 자바는 지역 변수 형식 추론과 switch문을 지원한다.

- 빌더 패턴은 복잡한 객체를 사용자 친화적인 API로 인스턴스화할 수 있도록 돕는다.

- 인터페이스 분리 원칙은 불필요한 메서드의 디펜던시를 감소시켜 높은 응집도를 촉진한다. 큰 인터페이스를 응집력 있는 작은 인터페이스로 분리해 사용자는 필요한 기능만 사용할 수 있다.

## 5.9 되새김

여러분의 지식을 조금 더 넓히고, 탄탄히 만들기 위해 아래의 내용을 도전해보자.

- 이름, 설명을 지원하도록 Rule, RuleBuilder를 개선한다.
- JSON 파일에서 팩트를 읽어오도록 Facts 클래스를 개선한다.
- 다양한 조건을 갖는 규칙을 지원하도록 비즈니스 규칙 엔진을 개선한다.
- 우선 순위가 다른 규칙을 지원하도록 비즈니스 규칙 엔진을 개선한다.


## 5.10 도전 과제를 완료하며

여러분의 사업은 번창하고 있으며 회사에서는 워크플로의 일부로 비즈니스 규칙 엔진을 채택했다. 여러분은 여러분이 가진 소프트웨어 개발 기술을 활용해 본인의 회사뿐만 아니라 전 세계에 도움을 줄 수 있는 방법을 찾고 있다. 그럼 6장에서 트우터의 세계로 들어가 보자.

# CHAPTER 6

# 트우터

## 6.1 도전 과제

열정 가득한 젊은이 조Joe는 스타트업 창업 아이디어를 나와 공유하길 좋아한다. 그는 사람들이 더 효율적이고 빠르게 의사소통하도록 돕고 싶어 한다. 그는 블로거이며 어떻게 하면 적은 양의 정보로 사람들이 블로그를 더 자주 이용할 수 있을지 고민했다. 그는 이 방법을 마이크로블로깅micro-blogging이라 불렀다. 사람들이 큰 메시지를 한 번에 게재하는 대신 글자수를 140자로 제한해 작은 메시지를 더 자주 올리도록 장려하는 것이 목표다.

우리는 메세지가 너무 짧고, 간결해서 사람들이 아무 의미 없는 글을 게재하지 않겠냐고 조에게 물었다. 그는 '욜로you only live once (YOLO)!'라고 답했다. 그럼 수익은 어떻게 창출하냐고 물었다. 또다시 '욜로!'라고 답한다. 그럼 제품명은 정했냐고 물었다. 그는 '**트우터**Twootr!'라고 답했다. 우리는 그의 아이디어가 정말 멋지고, 창의적이라고 감탄하면서 제품 만드는 것을 돕기로 했다.

## 6.2 목표

6장에서는 소프트웨어 응용프로그램을 한데 모아 큰 그림을 완성하는 방법을 배운다. 지금까지는 작은 예제(명령줄에서 실행할 만한 간단한 일괄 작업)를 살펴봤다. 하지만 트우터는 많은 자바 개발자가 구현하는 서버용 자바 응용프로그램이다.

여기서는 다음과 같은 다양한 기술을 배운다.

- 큰 그림(전체적인 상황)을 서로 다른 작은 아키텍처 문제로 쪼개는 방법
- 테스트 더블(모킹)로 코드베이스의 다른 컴포넌트와의 상호작용을 고립하고 테스트하는 방법
- 요구 사항이 응용프로그램 도메인 코어로 이어지도록 뒤집어 생각하는 방법

6장에서는 소프트웨어의 최종 설계뿐만 아니라 최종 설계를 선택하는 과정도 설명한다. 시간이 흐르고 프로젝트에 여러 기능을 추가하면서 일부 메서드가 어떻게 변해가는지 확인할 수 있다. 과정은 생략하고 바로 최종 결과를 보여주는 것이 아니라 소프트웨어 프로젝트가 변해가는 모습을 보면서 실제 업무에서 겪는 것과 비슷한 경험을 할 수 있다.

# 6.3 트우터 요구 사항

지금까지는 데이터와 문서를 처리하는 영업부와 관련된 응용프로그램을 만들었다. 하지만 트우터는 대중이 사용하는 응용프로그램이다. 조와 함께 그가 구상한 시스템의 요구 사항을 얘기해보니 어느 정도 자신의 아이디어를 정제한 상태라는 걸 알 수 있었다. 사용자가 게시하는 각각의 마이크로블로그micro-blog를 **트웃**twoot이라 부르며 사용자는 연속적인 트웃 **스트림**stream을 갖는다. 다른 사용자를 **팔로우**follow해야 그 사용자가 무엇을 트우팅twooting했는지 알 수 있다.

조는 사용자가 서비스를 어떻게 사용할지 다양한 유스 케이스use case와 시나리오를 브레인스토밍했다. 사람들의 원활한 의사소통을 도우려는 조의 시스템을 완성하기 위해 필요한 기능은 다음과 같다.

- 고유의 사용자 ID와 비밀번호로 트우터에 로그인한다.
- 각 사용자는 자신이 팔로우하는 사용자 집합을 갖는다.
- 사용자는 트웃을 전송할 수 있으며 로그인한 모든 팔로워follower는 이 트웃을 바로 볼 수 있다.
- 사용자가 로그인하면 최종 로그인한 이후로 게시된 팔로워의 모든 트웃을 볼 수 있다.
- 자신의 트웃을 삭제할 수 있다. 팔로워는 삭제된 트웃을 볼 수 없다.
- 사용자는 모바일이나 웹사이트로 로그인할 수 있다.

조가 요구하는 시스템을 만들려면 먼저 전체적인 개요와 큰 그림을 설계해야 한다.

# 6.4 설계 개요

이 책에서 다른 시스템을 설명했던 방법과는 다르게 마지막 요구 사항을 먼저 살펴보자. 마지막 요구 사항을 달성하려면 어떤 방식으로든 많은 컴퓨터가 상호작용할 수 있는 시스템을 만들어야 한다. 예를 들면 어떤 사용자는 집에 있는 데스크톱으로 트우터 웹사이트에 접속할 수 있고 어떤 사용자는 스마트폰으로 트우터를 실행할 수 있기 때문이다. 다양한 환경의 사용자가 어떻게 서로 통신할 수 있을까?

보통 소프트웨어 개발자는 이런 문제를 **클라이언트 서버 모델**client-server model로 해결한다. 클라이언트 서버 모델은 컴퓨터를 두 그룹으로 분류한다. **클라이언트** 그룹은 서비스를 사용하는 그룹이고 **서버**는 관련 서비스를 제공하는 그룹이다. 예제에서는 웹사이트나 스마트폰 응용프로그램이 클라이언트 그룹이며 트우터 서버와 통신하는 UI를 제공한다. 서버는 대부분의 비즈니스 로직을 처리하며 다양한 클라이언트로부터 트웃을 받거나 전송한다. [그림 6-1]을 확인해보자.

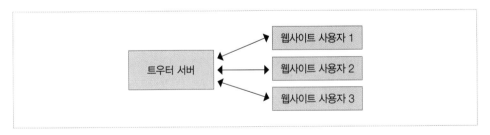

**그림 6-1** 클라이언트 서버 모델

조와 이야기하면서 요구 사항을 정리한 결과, 팔로워의 트웃을 즉시 볼 수 있는 기능이 이 시스템의 핵심이라는 사실을 파악했다. 사용자 인터페이스는 서버로 트웃을 전송할 뿐만 아니라 서버로부터 트웃을 받을 수 있어야 한다. 이 목표를 달성하기 위해 두 가지 통신 방식인 풀 기반과 푸시 기반을 살펴보자.

### 6.4.1 풀 기반

**풀 기반**pull-based 통신에서는 클라이언트가 서버로 정보를 요청한다. 풀 기반 통신은 점대점point-to-point 또는 요청 응답request-response 통신 형식으로도 불린다. 대부분의 웹에서 이 통신 형식을 사용한다. 웹사이트에 접속할 때 클라이언트는 서버로 HTTP 요청을 보내 페이지의 데이터를 가져온다pull. 클라이언트가 어떤 정보를 로딩할지 결정하는 상황이라면 특히 풀 기반 통신이 유용하다. 예를 들어 여러분이 위키백과를 탐색하면서 관심 있는 페이지를 선택하거나 다음 페이지를 선택하면 여러분의 선택에 따라 요청한 내용이 응답으로 제공된다. [그림 6-2]를 확인해보자.

그림 6-2 풀 통신

### 6.4.2 푸시 기반

**푸시 기반**push-based 통신 방법도 있다. 이를 리액티브reactive 또는 이벤트 주도event-driven 통신이라고도 부른다. 푸시 기반 모델에서는 작성자publisher가 방출한 이벤트 스트림을 여러 구독자가 수신한다. 따라서 이 모델은 일대일 통신뿐만 아니라 일대다 통신도 지원한다. 푸시 기반 통신은 여러 컴포넌트 간에 다양한 이벤트의 의사소통이 발생하는 상황에서 특히 유용하다. 예를 들어 주식 시장 거래 프로그램을 설계할 때 다양한 회사의 가격과 틱 정보가 필요할 때마다 요청하는 것이 아니라 연속적으로 정보가 제공되어야 한다. [그림 6-3]을 참고하자.

그림 6-3 푸시 통신

트우터에서는 트웃의 스트림이 주를 이루므로 이벤트 주도 통신 형식이 가장 적합하다. 이 모델에서 이벤트는 트웃이다. 물론 요청 응답 통신 형식으로도 응용프로그램을 설계할 수 있다. 하지만 사용자가 '지난번 데이터를 요청한 이후로 누군가 트웃을 날린 사용자가 있나요?'라고 물으면 서버에서 정기적으로 데이터를 요청해야 한다. 이벤트 주도 형식에서는 다른 사용자를 팔로우, 즉 이벤트를 구독하면 사용자가 구독한 관심 트웃을 서버가 클라이언트로 푸시한다.

이벤트 주도 통신 형식을 선택하는 것은 응용프로그램의 다른 부분의 설계에도 영향을 미친다. 응용프로그램의 메인 클래스는 이벤트를 수신하고 전송하도록 구현한다. 이벤트를 받고 전송하는 방식이 코드의 패턴에 어떤 영향을 주며, 테스트 코드는 어떻게 구현할 수 있을까?

## 6.5 이벤트에서 설계까지

이 시스템을 완성하려면 클라이언트 서버 응용프로그램을 만들어야 하지만, 6장에서는 클라이언트보다 서버 컴포넌트에 집중한다. 7.6절에서는 클라이언트를 개발하는 방법을 설명하고 클라이언트는 예제 소스로 제공한다. 6장에서 서버 컴포넌트에 더 집중하는 이유는 다음과 같다. 첫 번째로 이 책은 자바로 소프트웨어를 구현하는 방법을 설명하는 책이다. 또한 자바는 클라이언트보다 서버 구현에 자주 사용된다. 두 번째는 비즈니스 로직, 즉 응용프로그램의 핵심은 서버에 위치한다. 클라이언트는 발행, 구독 이벤트를 연결하는 비교적 작은 코드다.

### 6.5.1 통신

이제 이벤트를 전송하고 수신하는 기능을 어떤 기술로 구현할지를 설계할 차례다. 프로젝트에 사용할 수 있는 다양한 기술을 하나씩 살펴보자.

- **웹소켓**WebSocket은 TCP 스트림으로 양방향 이벤트 통신을 지원하는 가벼운 통신 프로토콜이다. 최신 브라우저에서 지원하는 웹 서버와 웹 브라우저 사이의 이벤트 주도 통신에 주로 사용된다.
- 요즘은 아마존의 단순 큐 서비스Simple Queue Service(SQS) 같은 호스트된 클라우드 기반 메시지 큐를 메시지 송출이나 수신에 점점 많이 사용한다. 메시지 큐는 그룹 내의 프로세스 중 한 프로세스가 전송된 메시지를 받아 처리하는 상호 프로세스 통신 방식이다. 호스트된 서비스를 이용하면 안정적인 호스팅을 제공하기 위해 직접 관리하지 않아도 되므로 편리하다.

- 메시지 전송이나 메시지 큐를 구현하는 오픈 소스인 Aeron, ZeroMQ, AMPQ로 구현하는 방법도 있다. 오픈 소스 프로젝트는 특정 회사에 의존하지 않는다는 장점이 있는 반면, 메시지 큐로 상호작용할 수 있는 클라이언트 선택에 제한이 있을 수 있다. 예를 들어 클라이언트가 웹 브라우저라면 오픈 소스 구현을 선택하지 않는 것이 좋다.

위 기술은 우리가 이용할 수 있는 기술 중 극히 일부에 불과하며 각 기술의 다양한 장단점과 유스 케이스를 확인할 수 있었다. 여러분은 프로젝트를 시작하면서 사용할 기술을 선택해야 한다. 하지만 시간이 흐르면서 더 좋은 대안이 있음을 깨닫고 다른 기술을 선택하고 싶어 한다. 프로젝트를 시작하면서 선택한 기술을 바꾸지 못하고 계속 사용해야 하는 상황이라면 이는 좋은 아키텍처 결정이 아님을 반증한다. 6장 뒷부분에서는 아키텍처 선택을 추상화해 전체적인 아키텍처 선택 과정에서 큰 실수를 예방하는 방법을 설명한다.

다양한 통신 방식을 혼합할 수도 있다. 예를 들어 클라이언트 종류에 따라 다른 통신 기술을 사용하는 방식이다. [그림 6-4]는 웹사이트와는 웹소켓으로 통신하며 안드로이드 모바일 앱과는 푸시 노티피케이션으로 통신하는 그림이다.

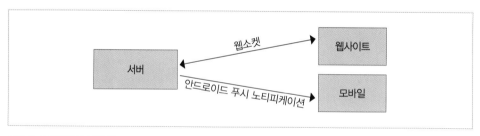

**그림 6-4** 다양한 통신 방식

## 6.5.2 GUI

UI 통신 기술이나 UI를 서버의 비즈니스 로직과 결합하면 몇 가지 단점이 발생한다.

- 테스트하기 어렵고 테스트 실행도 느려진다. 모든 테스트가 실행 중인 메인 서버로 이벤트를 발행하거나, 수신해야 하기 때문이다.
- 2장에서 설명한 단일 책임 원칙을 위반한다.
- 클라이언트가 반드시 UI를 갖는다고 가정한다. 처음에는 트위터 클라이언트가 당연히 UI를 가져야 할 것

처럼 보이지만 미래에는 인공지능 챗봇이 사용자의 문제를 알아서 해결할 수도 있다. 문제를 해결할 수 없다면 챗봇이 귀여운 고양이 사진이라도 트윗해 사람들 기분이라도 풀어줄 것이다.

결론적으로 메시징을 코어 비즈니스 로직과 분리할 수 있도록 신중하게 추상화해야 한다. 즉 클라이언트에게 메시지를 전송하고 클라이언트의 메시지를 수신하는 인터페이스가 필요하다.

### 6.5.3 영구 저장

그렇다면 트우터는 수신한 데이터를 어떻게 저장할까? 다음과 같은 기술을 사용해 데이터를 저장할 수 있다.

- **직접 인덱스하고 검색할 수 있는 일반 텍스트 파일**: 기록된 데이터를 쉽게 볼 수 있으며 다른 응용프로그램과의 디펜던시를 줄일 수 있다.
- **전통적 SQL 데이터베이스**: 모두가 알고 있으며 잘 검증된 시스템으로 강력한 질의를 지원한다.
- **NoSQL 데이터베이스**: 다양한 유스 케이스, 질의 언어, 데이터 저장 모델을 지원하는 여러 데이터베이스가 있다.

소프트웨어 프로젝트를 처음 시작하는 단계에서는 어떤 기술이 적합한지 선택하기가 어려울 뿐만 아니라 시간이 흐르면서 요구 사항은 계속 바뀐다. 저장소 백엔드가 응용프로그램의 다른 부분과 결합하지 않도록 설계하고 싶다. 어떤 기능이 특정 기술과 결합하지 않도록 방지하는 일은 개발자가 흔히 고민하는 문제 중 하나다.

### 6.5.4 육각형 아키텍처

앨리스터 콕번Alister Cockburn이 정립한 **포트와 어댑터**ports and adapters 또는 **육각형 아키텍처**hexagonal architecture[1]라 불리는 조금 더 일반화된 아키텍처를 적용해 이 문제를 해결할 수 있다. [그림 6-5]는 이 아키텍처에서 응용프로그램의 코어는 우리가 구현하는 비즈니스 로직이고, 다양한 구현은 코어 로직으로부터 분리되어 있음을 보여준다.

코어 비즈니스 로직과 분리하려는 특정 기술이 있다면 **포트**를 이용한다. 외부 이벤트는 포트를

---

**1** _https://oreil.ly/wJO17_

통해 코어 비즈니스 로직으로 전달된다. **어댑터**는 포트로 연결하는 특정 기술을 이용한 구현 코
드다. 예를 들면 UI 이벤트를 발행하고 수신하는 포트와 웹 브라우저와 통신하는 웹소켓 어댑
터를 가질 수 있다.

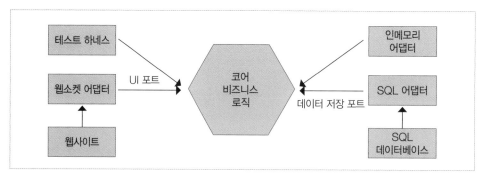

**그림 6-5** 육각형 아키텍처

이 아키텍처를 이용하려면 포트와 어댑터를 추상화해야 한다. 나중에 트우터에 노티피케이션
시스템을 확장할 계획도 있다. 사용자가 관심이 있는 트웃을 로그인해서 볼 수 있도록 알리고
보여주는 기능은 포트에 해당한다. 이 기능을 이메일이나 텍스트 메시지의 어댑터로 구현할 수
있다.

인증 서비스에서도 포트를 활용할 수 있다. 처음에는 사용자명과 비밀번호를 저장하는 어댑터
를 구현하고 나중에는 이를 OAuth 백엔드나 다른 종류의 시스템으로 바꿀 수 있다. 6장의 트
우터 구현에서는 그 정도로 인증 기능을 추상화하진 않는다. 현재 요구 사항에서는 다양한 인
증 어댑터를 구현해야 할 이유가 아직 없기 때문이다.

어떤 기능을 포트로 지정하고 어떤 기능을 코어 도메인으로 분리해야 하는지 궁금해진다. 극단
적으로 응용프로그램에 수백 또는 수천 개의 포트를 지정해 거의 모든 코어 도메인 기능을 추상
화할 수 있다. 극단적인 반대 상황으로는 어떤 기능도 포트로 지정하지 않을 수도 있다. 정해진
규칙은 따로 없으므로 개인적인 판단과 환경에 따라 응용프로그램에 맞는 결정을 하면 된다.

비즈니스 문제를 해결하는 데 꼭 필요한 기능을 응용프로그램의 코어로 분류하고 나머지 특정
기술에 종속된 기능이나 통신 관련 기능은 코어 응용프로그램의 외부 세계로 분류하는 것이 일
반적인 관례다. 6장에서는 이 관례에 따라 응용프로그램을 구현한다. 즉 비즈니스 로직은 코어
도메인으로 분류하고 저장 기능, UI를 이용한 이벤트 주도 통신 기능은 포트로 추상화한다.

## 6.6 작업 순서

이제 설계를 더 구체화하고 다이어그램을 세부적으로 완성하면서 어떤 클래스로 무슨 기능을 구현할지 결정할 차례다. 필자의 경험상 소프트웨어를 구현하는 극도로 생산적인 방법은 따로 없다. 보통 많은 가정과 설계 결정은 아키텍처의 작은 박스로 남겨지는데, 나중에 가면 이 기능이 결코 작은 일이 아님을 발견하곤 한다. 전체 설계를 충분히 고민하지 않고 바로 코딩을 시작하면 최적의 소프트웨어를 장담하기가 어렵다. 혼돈의 구덩이로 빠지는 일을 피하려면 **먼저 설계를 충분히 고민**해야 하지만 코딩 없는 아키텍처는 금방 무너지고 현실과 동떨어진 결과가 되기 쉽다.

> **NOTE_** 코딩을 시작하기 전 모든 설계 작업을 완료하는 방식을 **전체 설계부터 완성하기**Big Design Up Front(BDUF)라 부른다. BDUF는 애자일, 반복적인 개발 방법론과는 반대되는 개념으로 지난 10~20년 동안 인기를 얻었던 방식이다. 최근에는 반복적인 방식이 더 효과적임을 알게 되었으므로 이 책은 앞으로 몇 절에 걸쳐 반복적인 방식으로 설계 과정을 설명한다.

5장에서 테스트 주도 개발(TDD)을 소개했으니 테스트 클래스를 먼저 구현하는 것이 바람직하다는 걸 알고 있다. 먼저 TwootrTest 클래스에 사용자 로그인 기능을 테스트하는 shouldBeAbleToAuthenticateUser()를 구현하자. 이 테스트는 사용자가 로그인하면 올바르게 인증되는지 확인한다. [예제 6-1]은 메서드의 뼈대가 되는 코드다.

예제 6-1 shouldBeAbleToAuthenticateUser() 뼈대 코드

```
@Test
public void shouldBeAbleToAuthenticateUser()
{
    // 유효 사용자의 로그온 메시지 수신

    // 로그온 메서드는 새 엔드포인트 반환

    // 엔드포인트 유효성을 확인하는 어서션
}
```

테스트를 구현하려면 Twootr 클래스를 만들고 로그인 이벤트를 모델링해야 한다. 이 모듈에서는 발생한 이벤트에 대응하는 모든 메서드명 앞에 on을 붙이는 규칙을 정한다. 즉 우리는

onLogon이라는 메서드를 구현할 것이다. 그럼 이 메서드는 어떤 정보를 파라미터로 가지며 어떤 정보를 반환해야 할까? 다시 말해 메서드 시그니처를 어떻게 정의해야 할까?

이미 포트로 아키텍처 결정과 UI 통신을 분리했으니 API를 어떻게 정의할지 결정해야 한다. 사용자에게 이벤트를 발송하는 기능, 즉 한 사용자가 다른 사용자를 팔로우하고 있을 때 팔로우 대상 사용자가 트웃을 올렸다는 걸 알리는 기능이 필요하다. 또한 사용자가 이벤트를 수신하는 기능도 필요하다. 자바에서는 메서드 호출로 이벤트를 표현할 수 있다. 시스템의 코어에서 제공하는 어떤 객체의 메서드를 호출해 UI 어댑터가 이벤트를 트우터로 발행한다. 반대로 Twootr는 어댑터가 보유한 객체의 메서드를 호출해 이벤트를 발행한다.

포트와 어댑터의 목표는 응용프로그램의 코어와 특정 어댑터 구현의 결합을 제거하는 것이다. 즉 인터페이스로 다양한 어댑터를 추상화해야 한다. 여기서 우리는 추상 클래스를 사용할 수 있다. 하지만 어댑터 클래스는 한 개 이상의 인터페이스를 구현할 가능성이 있으므로 추상 클래스보다 더 유연한 인터페이스를 사용한다. 또한 인터페이스를 사용하면 언젠가 API에 상태를 추가하려는 검은 마음을 쉽게 물리칠 수 있다. 다양한 어댑터가 서로 다른 내부 상태를 갖게 되면 결합이 발생하므로 API에 내부 상태를 추가하는 일은 피해야 한다.

사용자의 이벤트를 발행하는 객체의 구현은 코어에 한 개뿐이므로 인터페이스가 아닌 일반 클래스로 구현한다. 지금까지의 설계를 [그림 6-6]으로 확인해보자. 이벤트를 전송하고 수신하는 API의 이름을 정해야 한다. 이벤트를 전송, 수신하는 API 기능을 잘 표현하는 이름이라면 어느 것이든 괜찮다.

예제에서는 이벤트를 코어로 보내는 SenderEndPoint 클래스와 코어로부터 이벤트를 수신하는 인터페이스를 ReceiverEndPoint라는 이름으로 정했다. 흥미롭게도 사용자의 관점인지 혹은 어댑터의 관점인지에 따라 전송자와 수신자 설계를 뒤집을 수 있다. 현재 결정은 코어가 우선이며 어댑터를 나중으로 여기는 상황이다.

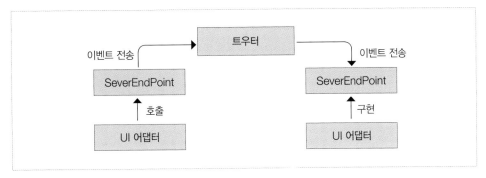

**그림 6-6** 이벤트를 코드로

이제 대략의 흐름을 확인했으니 shouldBeAbleToAuthenticateUser() 테스트를 구현한다. 이 테스트는 유효한 사용자명으로 시스템에 로그인했을 때 성공적으로 인증되는지 확인한다. 여기서 로그인은 어떤 의미일까? 사용자가 로그인하면 UI로 유효한 SenderEndPoint 객체 (사용자를 대표하는 객체)를 반환한다. 그리고 로그인 이벤트가 발생했으며 테스트 코드가 컴 파일되도록 Twootr 클래스에 메서드를 추가해야 한다. [예제 6-2]는 구현 시그니처 코드다. TDD는 테스트가 통과하도록 최소한의 코드만 구현한 다음, 이를 바꿔 나갈 것을 권장하므로 간단하게 SenderEndPoint 객체를 인스턴스화한 다음 반환하도록 메서드를 구현한다.

**예제 6-2** onLogon 초기 버전 시그니처

```
SenderEndPoint onLogon(String userId, ReceiverEndPoint receiver);
```

테스트를 실행해 성공하면 나타나는 멋진 녹색 막대를 확인했다면 다음 테스트 shouldNotAut henticateUnknownUser()를 구현한다. 이는 알려진 사용자에 한해 로그인을 허용하는 기능 이다. 이 테스트를 구현하려 하자 갑자기 흥미로운 문제가 발생한다. 실패 시나리오는 어떻게 모델링할까? 실패했을 때는 SenderEndPoint를 반환하는 대신, 다른 방법으로 UI에 로그인 이 실패했음을 알려야 한다. 이때 3장에서 설명한 예외를 이용할 수 있다.

예외로 문제는 해결할 수 있지만, 예외를 적절하게 사용했는지는 의문이다. 로그온 실패는 예 외가 아니라 언제든 일어날 수 있기 때문이다. 사용자는 사용자명이나 비밀번호를 잘못 입 력할 수 있으며 심지어 실수로 다른 웹사이트에 접속할 수도 있다. 보통 로그인이 성공하면 SenderEndPoint를 반환하고 그렇지 않으면 null을 반환하는 방법도 있다. 하지만 이 방법에도 다음과 같은 문제가 있다.

- 개발자가 null을 확인하지 않으면 NullPointerException이 발생할 수 있다. 이는 자바 개발자가 정말 흔히 저지르는 실수다.
- 컴파일 타임에서는 이런 종류의 문제를 피할 수 있는 도움을 제공하지 않는다. 이 문제는 런타임에서만 발생하기 때문이다.
- 메서드의 시그니처로는 로그인 실패 시 null을 의도적으로 반환하도록 설계된 것인지 아니면 단순히 버그인지 알 수 없다.

Optional 데이터 형식을 사용해 더 자연스럽게 문제를 해결할 수 있다. Optional은 자바 8부터 지원하는 기능으로 값이 있거나 없는 상황을 표현한다(값을 한 개 포함하거나 아니면 값이 없는 빈 컬렉션과 같음). 반환 형식으로 Optional을 사용해 메서드 실행 결과가 실패했음(빈 Optional을 반환)을 명시적으로 표현할 수 있다. 6장 전체에서 Optional 형식을 만들고 사용하는 방법을 더 자세히 알아본다. [예제 6-3]처럼 onLogon 메서드 시그니처를 리팩터링한다.

예제 6-3 두 번째 onLogon 시그니처

```
Optional<SenderEndPoint> onLogon(String userId, ReceiverEndPoint receiver);
```

Optional이 값을 갖는지 확인하도록 shouldBeAbleToAuthenticateUser() 테스트를 바꿔야 한다. [예제 6-4]는 shouldNotAuthenticateUserWithWrongPassword() 테스트 코드다. 이 테스트는 로그인한 사용자가 정확한 비밀번호를 사용했는지 검사한다. onLogon() 메서드는 Map에 사용자명과 비밀번호를 모두 저장해야 이 테스트를 통과할 수 있다.

예제 6-4 shouldNotAuthenticateUserWithWrongPassword

```
@Test
public void shouldNotAuthenticateUserWithWrongPassword()
{
    final Optional<SenderEndPoint> endPoint = twootr.onLogon(
        TestData.USER_ID, "bad password", receiverEndPoint);

    assertFalse(endPoint.isPresent());
}
```

간단하게 사용자 ID를 키로, 비밀번호를 값으로 `Map<String, String>`에 저장할 수 있다. 하지만 실전에서 사용자는 도메인의 중요한 개념이다. 다양한 시나리오에서 사용자를 참조해야 하며, 다른 사용자와 통신하는 많은 시스템 기능에서 사용자가 필요하다. `User`라는 도메인 클래스가 필요한 이유다. 자연스럽게 사용자 ID를 키로, 사용자를 가리키는 `User` 객체를 값으로 갖도록 `Map<String, User>`를 수정한다.

TDD는 소프트웨어 설계를 방해한다는 비판을 종종 받는다. TDD에서는 테스트 구현에 초점을 맞춘 나머지 빈약한 도메인 모델을 양산하고, 결국 어느 시점엔 코드를 다시 구현해야 한다. 여기서 **빈약한 도메인 모델**anaemic domain model이란 비즈니스 로직을 갖지 않으며 다양한 메서드에 절차적 형식으로 흩어져 정의된 도메인 객체를 가리킨다. 이는 TDD에서 개선해야 할 부분이다. 적절한 시점에 도메인 클래스를 추가하거나 개념을 코드로 구현하는 일 자체는 그렇게 중요한 작업이 아니다. 하지만 사용자 스토리가 항상 참조하는 어떤 개념이 있다면 문제 도메인에서도 이를 어떤 방식으로 표현할 수 있어야 한다.

다만 피해야 할 몇 가지 안티 패턴도 있다. 예를 들어 검색 기능에서 같은 키로 다른 값을 동시에 얻는 상황이 발생한다면 도메인 클래스가 부족해진다. 즉 한 사용자 ID로 팔로워 집합과 사용자 비밀번호를 포함하는 두 개의 `Map` 객체를 얻는 상황이라면, 문제 도메인에 어떤 개념이 빠진 것이다. 그래서 필요한 값(비밀번호)을 포함하는 `User` 클래스를 만들었는데, 이 클래스는 앞으로 어떻게 사용될 것인지 잘 이해하고 만든 것이기 때문에 섣불리 불필요한 클래스를 추가해야 하는 상황은 아니다.

> **NOTE_** 지금부터는 '사용자'라는 단어는 일반 사용자 개념을 가리키며 도메인 클래스를 가리킬 때는 스타일이 적용된 `User`로 표기한다. 마찬가지로 트우터는 전체 시스템을, `Twootr`는 개발 중인 클래스를 가리킨다.

## 6.7 비밀번호와 보안

지금까지 보안은 다루지 않았다. 보안 관련 문제가 자연스레 없어질 때까지 보안 문제를 거론하지 않는 것이 많은 기술 산업의 보안 전략이라는 우스갯소리가 있다. 안전한 코드를 구현하는 것은 이 책의 주제와는 거리가 멀다. 다만 트우터는 비밀번호를 사용하고 저장해야 하므로 이 문제를 조금 살펴보자.

가장 간단한 방법은 **일반 텍스트**plain text로 알려진 문자열 형태로 비밀번호를 저장하는 것이다. 이는 보통 좋지 않은 방법으로 소문나있는데, 이는 데이터베이스에 접근한 모든 이가 사용자의 비밀번호를 확인할 수 있기 때문이다. 이렇게 획득한 비밀번호로 악의적인 의도를 가진 사용자나 기업이 다른 사용자로 가장해 쉽게 다른 시스템에 로그인할 수 있다. 게다가 많은 사람들이 다양한 서비스에 같은 비밀번호를 사용한다. 주변을 둘러보면 필자의 말이 사실임을 금방 확인할 수 있다.

비밀번호에 **암호화 해시 함수**cryptographic hash function를 적용하면 데이터베이스에 접근한 사람이 비밀번호를 읽지 못하게 방지할 수 있다. 이는 임의의 길이의 문자열을 입력받아 **다이제스트**digest라는 출력으로 변환하는 기능이다. 암호화 해시 함수는 항상 같은 결과를 출력하므로 이 기능에 동일한 값을 입력하면, 이전과 같은 결과가 나온다. 나중에 해시 함수를 적용한 암호를 확인할 때 이 방법을 이용한다. 또한 입력을 다이제스트로 변환하는 시간은 매우 빠른 반면, 이를 되돌리는 작업은 오래 걸리며 상상을 초월하는 메모리를 사용해야 하므로 해커가 다이제스트를 되돌리려는 시도를 무력화한다.

여전히 많은 정부와 회사에서 많은 돈을 투자해 암호화 해시 함수 설계를 활발히 연구하고 있다. 이미 수많은 연구와 검증을 통한 결과물이 있으므로 직접 이 기능을 구현하는 것은 어리석은 일이다. 트우터는 **바운시 캐슬**Bouncy Castle**2**이라는 유명한 자바 라이브러리를 사용한다. 이 라이브러리는 수많은 꼼꼼한 리뷰를 거친 오픈 소스다. 트우터는 비밀번호를 저장하도록 특별히 설계된 최신 알고리즘을 장착한 **Scrypt** 해싱 함수를 사용한다. [예제 6-5] 코드를 확인해보자.

**예제 6-5** KeyGenerator

---

```
class KeyGenerator {
    private static final int SCRYPT_COST = 16384;
    private static final int SCRYPT_BLOCK_SIZE = 8;
    private static final int SCRYPT_PARALLELISM = 1;
    private static final int KEY_LENGTH = 20;

    private static final int SALT_LENGTH = 16;
```

......................................

**2** *https://www.bouncycastle.org/*

```
    private static final SecureRandom secureRandom = new SecureRandom();

    static byte[] hash(final String password, final byte[] salt) {
        final byte[] passwordBytes = password.getBytes(UTF_16);
        return SCrypt.generate(
            passwordBytes,
            salt,
            SCRYPT_COST,
            SCRYPT_BLOCK_SIZE,
            SCRYPT_PARALLELISM,
            KEY_LENGTH);
    }

    static byte[] newSalt() {
        final byte[] salt = new byte[SALT_LENGTH];
        secureRandom.nextBytes(salt);
        return salt;
    }
}
```

해싱 함수는 아주 비싼 연산이긴 하지만 여전히 무차별 대입brute force으로 특정 길이 이내의 키를 맞추거나 레인보 테이블rainbow table**3**로 해싱된 값을 되돌릴 수 있다는 점이 해싱 함수의 약점이다. **솔트**salt로 이를 방지할 수 있다. 솔트란 암호 해싱 함수에 적용하는 임의로 생성된 추가 입력이다. 사용자가 입력하지 않은 임의의 값을 비밀번호에 추가해 누군가 해싱을 되돌리는 기능을 만들지 못하게 막는다. 해싱을 되돌리려면 해싱 함수와 솔트, 이 두 가지를 모두 알아야 하기 때문이다.

비밀번호를 저장하는 기본 보안 개념을 이해했으니 이를 시스템에 적용하자. 저장된 데이터뿐만 아니라 전송되는 데이터의 보안도 신경 써야 한다. 클라이언트가 서버로 접속했을 때 사용자의 비밀번호를 연결된 네트워크로 전송해야 한다. 악의적인 해커가 연결을 가로챈다면 비밀번호를 복사한 다음, 140자로 할 수 있는 최악의 일을 벌일 수 있기 때문이다.

트우터는 웹소켓으로 로그인 메시지를 받는다. 즉 중간자 공격man-in-the-middle attack으로부터 웹소켓 연결을 안전하게 지켜야 한다. 다양한 방법이 있지만 가장 흔하면서 단순한 방법은 **전송계층 보안**Transport Layer Security (TLS), 즉 연결된 네트워크로 전달되는 데이터의 프라이버시와 무

---

**3** *https://ko.wikipedia.org/wiki/레인보_테이블*

결성을 제공하는 암호화된 프로토콜을 사용하는 것이다.

보안을 잘 이해하고 있는 기관이라면 자신의 소프트웨어를 정기적으로 검토하고 분석하는 계획을 세운다. 예를 들어 외부 컨설턴트나 내부 팀이 해커의 역할을 맡아 주기적으로 시스템 보안을 침투하도록 실험한다.

## 6.8 팔로워와 트웃

이번에는 사용자 팔로우 기능을 살펴보자. 보통 소프트웨어 설계를 크게 두 가지 방법으로 접근한다. 첫 번째 **상향식**bottom-up 기법은 응용프로그램의 코어(데이터 저장 모델이나 코어 도메인 객체 간의 관계) 설계에서 시작해 시스템 전체를 만드는 방법이다. 팔로우 기능을 상향식 프로그래밍으로 만들려면 팔로우를 할 때 발생하는 사용자의 관계를 어떻게 모델링할지 결정해야 한다. 사용자는 여러 사용자를 팔로우할 수 있고 한 사용자는 여러 팔로워를 가질 수 있으므로 다대다many-to-many 관계가 성립한다. 이렇게 정의한 데이터 모델 위에 사용자에게 필요한 기능을 제공하는 비즈니스 기능을 구현한다.

반대로 **하향식**top-down 소프트웨어 개발 기법도 있다. 하향식에서는 사용자 요구 사항이나 스토리에서 출발해 구현하는 데 필요한 동작이나 기능을 먼저 개발하고, 점차 저장소나 데이터 모델을 추가한다. 예를 들어 먼저 다른 사용자를 팔로우하는 이벤트 수신 API를 만든 다음, 이동작에 필요한 저장소를 설계한다. 이렇게 API를 먼저 구현하고 저장 비즈니스 로직을 나중에 구현한다.

어떤 방법이 항상 옳다고 단정하긴 어렵지만 경험상 영업과 관련된 형식의 자바 응용프로그램에서는 하향식 기법이 주효했다. 보통 소프트웨어의 데이터 모델이나 코어 도메인을 먼저 설계하면 실질적으로 소프트웨어의 동작에 필요 없는 부분까지 만들 수 있기 때문이다. 반면 하향식 기법은 요구 사항과 스토리를 구현하면서 초기 버전의 설계 방식에 문제가 있음을 발견하게된다는 단점이 있다. 즉 하향식 기법을 사용할 때 현재 설계에 안심하지 않고 반복적으로 개선하기 위해 노력해야 한다.

여기서는 하향식 기법을 사용한다. [예제 6-6]처럼 사용자를 팔로우하는 기능을 검증하는 테스트부터 만든다. UI는 이벤트를 발송해서 사용자가 다른 사용자를 팔로우하고 싶다고 알려주므로 테스트는 팔로우할 사용자의 고유 ID를 인수로 엔드포인트의 **onFollow** 메서드를 호출해 이를 검증한다. 물론 아직 이 메서드는 존재하지 않으므로 코드가 컴파일할 수 있도록 이 메서드를 Twootr 클래스에 선언해야 한다.

## 6.8.1 오류 모델링

[예제 6-6]은 팔로우 동작이 매끄럽게 진행되는 상황을 확인하는 테스트다.

**예제 6-6** shouldFollowValidUser

```
@Test
public void shouldFollowValidUser()
{
    logon();

    final FollowStatus followStatus = endPoint.onFollow(TestData.OTHER_USER_ID);

    assertEquals(SUCCESS, followStatus);
}
```

지금까지는 성공 시나리오만 다뤘는데, 발생할 수 있는 다른 상황을 생각해보자. 인수로 전달된 사용자 ID가 실제 사용자와 일치하지 않는다면? 사용자가 이미 팔로우하고 있는 사용자를 다시 팔로우하려 한다면? 이를 해결하기 위해서는 메서드가 다양한 결과나 상태를 반환할 수 있어야 한다. 인생이 늘 그렇듯 우리 앞에는 언제나 수많은 선택지가 놓여 있고 이를 결정해야 한다.

성공했을 때는 아무것도 반환하지 않고(void), 이외에는 예외를 던지는 방법이 있다. 나쁘지 않은 선택이다. 하지만 예외적인 제어 흐름에만 예외를 사용하는 것이 일반적이며 잘 설계된 UI에서는 웬만해서 이런 시나리오를 피한다. 따라서 예외가 아닌 다른 방식으로 상태를 표현할 수 있는 방법을 찾아보자.

불리언으로 성공일 때는 **true**, 실패일 때는 **false**로 표현하는 간단한 방법도 있다. 어떤 동작이 성공이나 실패, 두 가지 상황으로 구분되며 실패의 원인도 한 가지뿐이라면 좋은 선택이다. 여러 가지 이유로 동작이 실패할 수 있는 상황에서 **왜 이 동작이 실패했는지** 알려줄 수 없다는 것이 불리언의 단점이다.

int 상숫값으로 실패 상황을 표현하는 방법도 있지만 3장에서 설명했듯이 오류의 개념을 int 상숫값으로 만들면 그 자체에 오류가 발생할 수 있고, 안전한 형식을 제공하지 못하며, 가독성과 유지보수성도 낮아진다. enum 형식을 사용하면 안전한 형식과 좋은 문서화를 제공할 수 있다. enum은 유효한 형식으로 구성된 미리 정의된 상숫값의 목록이다. 따라서 interface, class를 사용할 수 있는 모든 곳에 enum을 사용할 수 있다.

비슷한 기능을 제공하지만 enum이 int 기반의 상태 코드보다 여러모로 낫다. 메서드가 int를 반환한다면 int가 어떤 값을 포함할 수 있는지 알 수 없다. 자바독 문서를 확인해야만 어떤 값을 가질 수 있으며 미리 정의된 상수(static final 필드)가 어떤 게 있는지 확인할 수 있지만 호박에 줄 긋는다고 수박이 되진 않는다. 반면 enum은 선언된 값의 목록만 포함할 수 있다. 자바의 enum은 유용한 기능을 추가할 수 있도록 인스턴스 필드와 메서드 정의를 포함할 수 있지만 예제에서는 이 기능을 사용하지 않는다. [예제 6-7]은 팔로워 상태를 선언하는 코드다.

**예제 6-7** FollowStatus

```
public enum FollowStatus {
    SUCCESS,
    INVALID_USER,
    ALREADY_FOLLOWING
}
```

TDD는 테스트를 통과하는 가장 간단한 구현을 지향하므로 이 시점에서 onFollow 메서드는 단순히 SUCCESS 값을 반환한다.

following() 동작에서는 다양한 시나리오를 고려해야 한다. [예제 6-8]은 중복된 사용자와 관련된 테스트 코드다. 이를 통과하려면 사용자가 팔로우하는 사용자 집합을 표현하도록 사용자 ID 집합을 User 클래스에 추가해야 하는데, 이때 사용자가 중복되지 않게 방지해야 한다. 자바 컬렉션 API로 쉽게 이 기능을 구현할 수 있다. 컬렉션 API에서 제공하는 Set 인터페이스는 고유 요소만 포함하며 이미 멤버로 포함하는 요소를 add 메서드로 추가하려고 시도하면 false를 반환한다.

```
@Test
public void shouldNotDuplicateFollowValidUser()
{
    logon();

    endPoint.onFollow(TestData.OTHER_USER_ID);

    final FollowStatus followStatus = endPoint.onFollow(TestData.OTHER_USER_ID);
    assertEquals(ALRFADY_FOLLOWING, followStatus);
}
```

shouldNotFollowInValidUser() 테스트는 사용자가 유효하지 않음을 가정하며 결과 상태로 이를 확인할 수 있다. shouldNotDuplicateFollowValidUser() 메서드와 비슷한 형식으로 테스트를 구현해보자.

## 6.8.2 트우팅

기본적인 기능을 어느 정도 완성했으니 제품의 가장 재미있는 기능인 트우팅을 살펴보자. 사용자 스토리에서 모든 사용자가 트웃을 전송할 수 있으며 이때 로그인되어 있는 모든 사용자는 즉시 이 트웃을 볼 수 있다. 현실적으로 트웃을 항상 바로 볼 수는 없다. 컴퓨터로 트우터에 로그인은 했지만 잠시 커피를 마시거나, 다른 소셜 네트워크를 즐기거나(설마 이런 이유는 아니기를), 다른 일 때문에 바쁠 수 있기 때문이다.

이제 여러분은 전체적인 접근 방법에 익숙할 것이다. 로그인한 사용자가 다른 사용자가 전송한 트웃을 받는 시나리오를 shouldReceiveTwootsFromFollowedUser()로 구현한다. 이 테스트는 로그인하고 팔로우하는 기능과는 다른 개념을 사용한다. 우선 트웃 전송 기능이 필요하므로 SenderEndPoint에 onSendTwoot() 메서드를 추가한다. 나중에 해당 트웃과 내용을 참조할 수 있도록 파라미터로 트웃의 id를 받는다.

또한 사용자가 트웃을 게시했음을 팔로워에게 알려야 한다(테스트로 알림이 발생했음을 확인할 수 있음). 기존에 사용자에게 메시지를 발행할 때 사용했던 ReceiverEndPoint 인터페이스를 활용한다. [예제 6-9]처럼 onTwoot 메서드를 추가한다.

예제 6-9 ReceiverEndPoint

```
public interface ReceiverEndPoint {
    void onTwoot(Twoot twoot);
}
```

모든 UI 어댑터는 메시지를 전송해 트웃이 발생했음을 알려야 한다. onTwoot 메서드가 호출되었는지 확인하는 테스트를 어떻게 구현할까?

## 6.8.3 목 만들기

**목**mock 객체 개념을 이용해 쉽게 문제를 해결할 수 있다. 목 객체는 다른 객체인 척하는 객체다. 목 객체는 원래 객체가 제공하는 메서드와 공개 API를 모두 제공한다. 그리고 이를 이용해 특정 메서드가 실제 호출되었는지를 **확인**verify한다. 예를 들어 ReceiverEndPoint의 onTwoot() 메서드가 호출되었는지 확인할 수 있다.

> **NOTE_** 컴퓨터 과학 학위를 받은 독자 중에는 이런 식으로 '확인'이라는 단어를 사용하는 것이 이상할 수 있다. 수학과 정형 메서드를 다루는 커뮤니티에서 '확인'이란 모든 입력에 대해 시스템의 속성이 증명되었음을 의미하기 때문이다. 모킹에서는 '확인'을 특정 인자로 메서드가 호출되었는지만 검사하는 의미로 사용한다. 다양한 분야의 사람들이 모여 이야기할 때, 같은 단어가 다양한 의미로 해석된다면 유쾌하지 않을 것이다. 하지만 때로는 특정 용어가 문맥에 따라 다양하게 사용될 수 있음을 인지해야 한다.

다양한 방법으로 목 객체를 만들 수 있다. [예제 6-10]처럼 직접 ReceiverEndPoint의 목 객체를 구현할 수 있다. onTwoot 메서드를 호출할 때마다 List에 Twoot 파라미터를 저장해 호출을 기록하며, List가 Twoot 객체를 포함하는지 검사해 해당 메서드가 특정 인자로 호출되었는지 확인한다.

예제 6-10 MockReceiverEndPoint

```
public class MockReceiverEndPoint implements ReceiverEndPoint
{
    private final List<Twoot> receivedTwoots = new ArrayList<>();
```

```
    @Override
    public void onTwoot(final Twoot twoot)
    {
        receivedTwoots.add(twoot);
    }

    public void verifyOnTwoot(final Twoot twoot)
    {
        assertThat(
            receivedTwoots,
            contains(twoot));
    }
}
```

목을 직접 구현하는 일은 성가신 일이며 오류도 자주 발생한다. 이렇게 귀찮고, 오류가 자주 발생하는 일을 훌륭한 엔지니어는 어떻게 처리할까? 바로 자동화다. 필요한 목 객체를 생성해주는 다양한 라이브러리가 있다. 예제 프로젝트에서는 무료이면서 유명한 모키토라는 오픈 소스 라이브러리를 사용한다. 모키토 관련 대부분의 기능은 Mockito 클래스에서 제공하는 정적 메서드로 제공되므로 이를 정적 임포트해서 사용한다. [예제 6-11]처럼 mock 메서드로 목 객체를 만든다.

**예제 6-11** mockReceiverEndPoint

```
    private final ReceiverEndPoint receiverEndPoint = mock(ReceiverEndPoint.class);
```

## 6.8.4 목으로 확인하기

ReceiverEndPoint 구현을 사용하는 것처럼 생성한 목 객체도 자연스럽게 사용할 수 있다. 예를 들어 onLogon() 메서드의 파라미터로 목을 전달해 UI 어댑터와 연결한다. 테스트는 정해진 동작(테스트의 **when** 부분)을 실행한 다음, onTwoot 메서드가 실제 호출되었는지(**then** 부분) 확인한다. Mockito.verify() 메서드로 목을 감싸 메서드 호출 여부를 확인한다. verify() 메서드는 전달된 객체와 같은 형식의 객체를 반환하는 일반 메서드로 [예제 6-12] 처럼 목 객체에서 정해진 상호작용이 일어났는지를 인수로 전달한다.

```
verify(receiverEndPoint).onTwoot(aTwootObject);
```

6.8.2절에서 onTwoot 메서드 시그니처에 Twoot 클래스가 등장했음을 기억하자. 값을 감싼 Twoot 객체를 메서드의 인수로 전달한다. 이 객체는 UI 어댑터로 전달되는데, 코어 도메인의 User 객체로 너무 많은 정보를 노출하는 대신 간단한 값 필드만 제공한다. 예를 들어 User 객체 참조 대신 단순한 id로 트웃의 발신자 정보를 전달한다. 또한 Twoot은 content 문자열과 Twoot 객체 자체 id도 포함한다.

이 시스템에서 Twoot은 불변 객체다. 이전에도 설명했듯이 불변 객체는 버그가 발생할 수 있는 범위를 줄인다. UI 어댑터로 전달하는 값 객체에서는 특히 불변 객체가 중요하다. UI 어댑터는 Twoot을 표현하는 일이 전부이며 다른 사용자의 Twoot의 상태를 바꾸는 일은 하지 않기 때문이다. 또한 Twoot이라는 도메인 언어를 클래스 이름으로 사용했다는 점도 주목하자.

## 6.8.5 모킹 라이브러리

이 책에서는 훌륭한 문법과 목을 만드는 좋은 방법을 보여주는 모키토 라이브러리를 사용했지만, 다른 자바 모킹 프레임워크도 있다. 파워목PowerMock이나 이지목EasyMock 모두 유명한 프레임워크다.

파워목은 모키토 문법을 그대로 지원하며 모키토가 지원하지 않는 목 기능(예를 들어 final 클래스나 정적 메서드)도 지원한다. final 클래스에 목을 지원하는 것이 올바른지 의견이 분분하다(제품 환경에서 클래스의 다양한 구현을 제공할 수 없다면 테스트에서 그렇게 하는 것이 타당한가?). 파워목은 권장하는 프레임워크는 아니지만, 상황에 따라 경계를 허물어버리는 강력한 힘을 발휘할 수 있다.

이지목은 다른 방식으로 목을 구현한다. 개발자가 어떤 방식을 선호하느냐에 따라 선택이 달라진다. 이지목은 엄격한 모킹을 장려한다는 점이 다르다. 엄격한 모킹이란 명시적으로 호출이 발생할 거라 선언하지 않은 상태에서 호출이 발생했을 때 이를 오류로 간주하는 것이다. 이를 테스트에 적용해 클래스가 수행하는 동작을 더 상세히 검증할 수 있다. 하지만 이 때문에 관계없는 동작과 결합한다는 단점이 있다.

## 6.8.6 SenderEndPoint 클래스

SenderEndPoint 클래스에 onFollow, onSendTwoot 같은 메서드를 정의했다. SenderEnd
Point의 각 인스턴스는 사용자가 코어 도메인으로 이벤트를 전송하는 엔드포인트 역할을 한
다. 예제 Twoot 설계에서는 SenderEndPoint를 단순하게 유지했다. SenderEndPoint는 메
인 Twootr 클래스를 감싸고 시스템 내에서 사용자를 대표하는 User 객체를 메서드로 전달한
다. [예제 6-13]은 이 클래스의 선언 개요와 onFollow 이벤트를 처리하는 코드이다.

예제 6-13 SenderEndPoint

```
public class SenderEndPoint {
    private final User user;
    private final Twootr twootr;

    SenderEndPoint(final User user, final Twootr twootr) {
        Objects.requireNonNull(user, "user");
        Objects.requireNonNull(twootr, "twootr");

        this.user = user;
        this.twootr = twootr;
    }

    public FollowStatus onFollow(final String userIdToFollow) {
        Objects.requireNonNull(userIdToFollow, "userIdToFollow");

        return twootr.onFollow(user, userIdToFollow);
    }
}
```

[예제 6-13]에서 사용한 java.util.Objects를 눈여겨보자. 이는 JDK의 유틸리티 클래스로
null 참조 확인 메서드와 hashCode(), equals() 메서드 구현을 제공한다.

SenderEndPoint를 만들지 않는 다른 설계 방법도 있다. Twootr 객체에서 특정 메서드
를 노출해 이벤트를 받을 수 있게 준비하고 UI 어댑터에서 이 메서드를 직접 호출하는 방
법도 있다. 이는 소프트웨어 개발의 많은 문제가 그렇듯 주관적인 문제다. 어떤 사람들은
SenderEndPoint를 불필요한 복잡성을 추가하는 것이라 여기기도 한다.

이전에도 설명했듯이 User 코어 도메인 객체를 UI 어댑터로 노출하지 않고 간단한 이벤트
형태로 전달하는 것이 큰 목표다. 사용자 ID를 모든 트우터 이벤트 메서드의 파라미터로 추

가할 수 있겠지만, 그렇게 하면 User 객체에서 ID를 찾는 작업을 매번 수행해야 하는데, SenderEndPoint를 사용하면 이 과정이 필요 없다. SenderEndPoint를 없앨 수는 있지만 대신 더 많은 작업이 필요하며 코드가 더 복잡해진다.

실제 Twoot을 전송하려면 코어 도메인을 조금 바꿔야 한다. User 객체는 Twoot이 도착했음을 알릴 수 있도록 팔로워 집합을 가져야 한다. [예제 6-14]는 현재 설계를 반영한 onSendTwoot 메서드 코드다. 이 코드는 로그인한 사용자를 찾아서 트웃을 수신했음을 알린다. filter, forEach 메서드나 ::, -> 등의 문법을 모르더라도 7.5절에서 설명할 예정이니 크게 신경 쓰지 말자.

**예제 6-14** onSendTwoot

```java
void onSendTwoot(final String id, final User user, final String content)
{
    final String userId = user.getId();
    final Twoot twoot = new Twoot(id, userId, content);
    user.followers()
        .filter(User::isLoggedOn)
        .forEach(follower -> follower.receiveTwoot(twoot));
}
```

User 객체는 receiveTwoot() 메서드도 구현해야 한다. User는 어떻게 트웃을 받을까? 사용자의 UI에 이벤트를 발송해 트웃을 표시할 준비가 되었음을 알려야 한다(receiver EndPoint.onTwoot(twoot)). 모킹 코드로 메서드 호출 여부를 확인했던 메서드가 바로 이 메서드이므로, 이 메서드를 여기서 호출하면 테스트가 통과된다.

[예제 6-15]는 최종 테스트 버전으로 깃허브<sup>GitHub</sup>에서 내려받은 프로젝트와 코드가 같다. 지금까지 설명과는 코드가 조금 다른 모습이다. 먼저 트웃을 수신하는 테스트와 관련된 몇 가지 기능을 공통 메서드로 리팩터링했다. 예를 들면 여러 테스트에서 logon() 메서드로 사용자를 시스템으로 로그인한다. 또한 테스트는 Position 객체를 만들어 Twoot으로 전달하고 twootRepository와의 상호작용을 확인한다. 저장소<sup>repository</sup>란 대체 뭘까? 지금까지는 이 두 개념을 사용하지 않았지만, 시스템 설계를 변경하면서 사용하게 될 개념이므로 6.9절에서 자세히 설명한다.

```
@Test
public void shouldReceiveTwootsFromFollowedUser()
{
    final String id = "1";

    logon();

    endPoint.onFollow(TestData.OTHER_USER_ID);

    final SenderEndPoint otherEndPoint = otherLogon();
    otherEndPoint.onSendTwoot(id, TWOOT);

    verify(twootRepository).add(id, TestData.OTHER_USER_ID, TWOOT);
    verify(receiverEndPoint).onTwoot(new Twoot(id, TestData.OTHER_USER_ID, TWOOT,
new Position(0)));
}
```

# 6.9 Position 객체

Position 객체를 살펴보기 전에 왜 Position 객체가 필요한지 알아보자. 사용자가 로그인했을 때, 로그인 이전부터 발생한 팔로워의 모든 트웃을 볼 수 있어야 한다. 그러려면 다양한 트웃을 재생할 수 있어야 하며, 사용자가 로그인했을 때 어떤 트웃을 확인하지 않았는지 알아야 한다. [예제 6-16]은 이 기능을 테스트하는 코드다.

예제 6-16 shouldReceiveReplayOfTwootsAfterLogoff

```
@Test
public void shouldReceiveReplayOfTwootsAfterLogoff()
{
    final String id = "1";

    userFollowsOtherUser();

    final SenderEndPoint otherEndPoint = otherLogon();
    otherEndPoint.onSendTwoot(id, TWOOT);
```

```
        logon();

        verify(receiverEndPoint).onTwoot(twootAt(id, POSITION_1));
    }
```

이 기능을 구현하려면 사용자가 로그아웃한 후 어떤 트웃이 발생했는지 시스템이 알아야 한다. 이 기능을 설계하는 방법은 아주 다양하다. 어떤 방법을 선택하느냐에 따라 구현의 복잡성, 정확성, 성능, 확장성이 달라진다. 트우터 시스템을 처음 만드는 상황이고 많지 않은 사용자가 이용할 것으로 예상되므로 이번에 확장성은 크게 염두에 두지 않는다.

- 모든 트웃의 시간을 기록하고 사용자가 로그아웃한 시간과 다시 로그인한 시간 사이에 발생한 모든 트웃을 검색
- 트웃을 연속적인 스트림으로 간주하며 특정 트웃을 스트림의 위치로 지정해 사용자가 로그아웃했을 때 마지막으로 확인한 트웃의 위치를 저장
- 위치<sup>position</sup> 기능으로 마지막으로 확인한 트웃의 위치를 기록

메시지를 시간순으로 정렬하는 방법은 고려하지 않는다. 처음에는 메시지를 정렬해야 한다고 생각할 수 있지만 이는 좋은 생각이 아니다. 예를 들어 밀리초<sup>millisecond</sup> 단위로 메시지 시간을 기록한다고 가정하자. 만약 두 트웃이 동시에 발생한다면 어떨까? 두 트웃의 순서를 알 수 없다. 사용자가 로그아웃한 같은 시간에 트웃을 수신한다면 어떨까?

사용자가 로그아웃한 시간을 기록하는 방법엔 문제가 있다. 사용자가 버튼을 명시적으로 클릭해서 로그아웃한다면 별 문제가 없겠지만, 실질적으로는 다양한 방법으로 UI를 중단할 수 있기 때문이다. 예를 들어 사용자가 명시적으로 로그아웃하지 않고 웹 브라우저를 닫거나 어떤 이유로 웹 브라우저가 충돌할 수 있다. 가령 두 개의 웹 브라우저로 로그인한 상태에서 한 브라우저에서 로그아웃을 한다면? 스마트폰의 배터리가 부족하거나 앱을 종료한다면?

이런 이유로 트웃을 재생하는 가장 안전한 방법 즉, 트웃에 위치를 할당하고 사용자가 마지막으로 확인한 트웃의 위치를 저장하는 방법을 선택했다. [예제 6-17]처럼 **Position**이라는 작은 값 객체로 위치를 정의한다. 이 클래스는 스트림이 어디에서 시작할지 지정하는 초기 위치 상숫값을 포함한다. 위치는 항상 양수이므로 초깃값으로 음수 -1을 선택한다.

```java
public class Position {
    /**
     * 최근 확인한 트웃의 위치
     */
    public static final Position INITIAL_POSITION = new Position(-1);

    private final int value;

    public Position(final int value) {
        this.value = value;
    }

    public int getValue() {
        return value;
    }

    @Override
    public String toString() {
        return "Position{" +
            "value=" + value +
            '}';
    }

    @Override
    public boolean equals(final Object o) {
        if (this == o) return true;
        if (o == null || getClass() != o.getClass()) return false;

        final Position position = (Position) o;

        return value == position.value;
    }

    @Override
    public int hashCode() {
        return value;
    }

    public Position next() {
        return new Position(value + 1);
    }
}
```

코드가 조금 복잡해 보이는 것 같다. 자바가 기본으로 제공하는 메서드를 놔두고 `equals()`와 `hashCode()` 메서드를 정의한 이유가 뭘까? `value` 객체는 무엇일까? 왜 이렇게 많은 질문이 생기는 건지 궁금할 것이다. 이런 궁금증은 당연하다. 새로운 주제를 살펴보면서 질문의 답을 찾아보자. 여러 필드의 값을 합치거나 관련 도메인명을 숫자로 표현하는 작은 객체를 유용하게 사용할 수 있다. `Position` 클래스가 바로 그 예다. [예제 6-18]의 `Point` 클래스도 또 다른 예제다.

**예제 6-18** Point

```java
class Point {
    private final int x;
    private final int y;

    Point(final int x, final int y) {
        this.x = x;
        this.y = y;
    }

    int getX() {
        return x;
    }

    int getY() {
        return y;
    }
}
```

`Point`는 x와 y 좌표를 갖는 반면에 `Position`은 값을 갖는다. x, y 좌표를 클래스의 필드로 정의하고 게터<sup>getter</sup>를 제공한다.

## 6.9.1 equals()와 hashCode() 메서드

같은 값을 갖는 객체 두 개를 비교했을 때, 예상과 다르게 두 값이 같지 않다고 판정되는 상황을 종종 목격할 수 있다. [예제 6-19]가 바로 그런 예다. 기본적으로 `java.lang.Object`에서 상속받은 `equals()`, `hashCode()` 메서드는 참조되는 값으로 두 객체가 같은지 판단하도록 구현되었다. 즉 컴퓨터 메모리의 다른 곳에 위치한 두 객체를 비교하면 두 객체가 같은 값이라도 다른 객체라고 판단한다. 이런 이유로 프로그램에서 작은 버그가 자주 발생한다.

**예제 6-19** 같아야 할 것 같지만 다른 Point 객체

```
final Point p1 = new Point(1, 2);
final Point p2 = new Point(1, 2);
System.out.println(p1 == p2); // false 출력
```

객체를 비교할 때는 **참조 객체**와 **값 객체**로 구분하면 편리하다. 자바에서는 equals() 메서드를 오버라이드해서 값이 같은지 비교한다. [예제 6-20]은 Point 클래스에서 equals() 메서드를 오버라이드한 예제다. 오버라이드한 코드에서는 같은 형식의 객체인지 먼저 비교한 다음, 각 필드의 값이 같은지 확인한다.

**예제 6-20** Point 객체 일치 정의

```
    @Override
    public boolean equals(final Object o) {
        if (this == o) return true;
        if (o == null || getClass() != o.getClass()) return false;

        final Point point = (Point) o;

        if (x != point.x) return false;
        return y == point.y;
    }

    @Override
    public int hashCode() {
        int result = x;
        result = 31 * result + y;
        return result;
    }

final Point p1 = new Point(1, 2);
final Point p2 = new Point(1, 2);
System.out.println(p1.equals(p2)); // true 출력
```

## 6.9.2 equals()와 hashCode() 메서드 사이의 계약

[예제 6-20]에서는 equals() 메서드뿐 아니라 hashCode() 메서드도 오버라이드했다. 이는 자바의 **equals()/hashCode() 계약** 때문이다. 두 객체를 equals() 메서드로 같다고 판단했을 때 hashCode() 메서드 역시 같은 값을 반환해야 한다. HashMap, HashSet 등의 컬렉션 구현을 포함한 많은 코어 자바 API가 hashCode() 메서드를 사용한다. 이들 구현 역시 equals()/hashCode() 계약을 준수하며, 그렇지 않으면 예상하지 못한 결과가 발생한다. 그렇다면 어떻게 hashCode() 메서드를 구현할까?

좋은 해시코드란 계약을 준수할 뿐만 아니라 고르게 정숫값이 퍼지도록 구현해야 한다. 그래야 HashMap, HashSet의 효율성이 좋아진다. 다음 규칙을 따르면 두 가지 목표를 동시에 달성하면서 좋은 hashCode() 메서드를 구현할 수 있다.

1. result 변수를 만들고 소수를 할당

2. equals() 메서드가 사용하는 각 필드의 해시코드를 대표하는 int 값을 계산

3. 기존 결괏값에 소수를 곱한 다음, 필드의 해시코드와 합침. 예를 들어 result = 41 * result + hashCodeOfField;

각 필드의 해시코드를 계산하려면 필드의 종류에 따라 다른 계산 방법을 이용한다.

• 필드가 원싯값이면 컴패니언 클래스companion class의 hashCode() 메서드 사용. 예를 들어 double 필드면 Double.hashCode()를 사용

• null이 아닌 객체라면 객체의 hashCode() 메서드 또는 0 사용. java.lang.Objects.hashCode() 메서드로 이를 간단하게 구현

• 배열이면 여기서 사용한 규칙을 그대로 적용해 배열의 각 요소에 hashCode() 값을 합침. java.util.Arrays.hashCode() 메서드로 이를 간단하게 구현

equals(), hashCode() 메서드를 직접 구현하는 일은 드물다. 최신 자바 IDE는 이 코드를 자동으로 만들어준다. 하지만 코드가 어떻게 만들어졌는지 원칙과 이유를 알면 훨씬 좋다. 특히 equals(), hashCode() 메서드 쌍의 구현을 보면서 잘 구현되었는지를 판단할 수 있는 안목이 생긴다.

이 기능을 구현하려면 모든 Twoot에 Position 정보가 필요하므로 Twoot 클래스에 위치 정보를 저장하는 필드를 추가하자. 또한 사용자가 마지막으로 본 Position을 저장할 lastSeenPosition 필드는 User에 추가한다. User가 Twoot을 수신하면 위치를 갱신하고, User가 로그인하면 아직 사용자가 확인하지 않은 트웃을 방출한다. 따라서 SenderEndPoint나 ReceiverEndPoint에 새 이벤트를 추가해야 한다. 우선은 JDK에서 제공하는 List에 Twoot 객체를 저장했다가 필요할 때 트웃을 재생한다. 이제 사용자는 트우터에 접속하지 않아도 모든 트웃을 확인할 수 있다.

## 6.10 총정리

- 통신 방식이라는 큰 그림의 아키텍처를 배웠다.
- 어떤 라이브러리와 프레임워크를 선택하든 도메인 로직에 영향이 없도록 결합을 분리하는 기술을 익혔다.
- 테스트를 먼저 만들고 코드를 구현하는 방식을 배웠다.
- 조금 더 큰 프로젝트에 객체지향 도메인 모델링 기술을 적용했다.

## 6.11 되새김

여러분의 지식을 조금 더 넓히고, 탄탄히 만들기 위해 아래의 내용을 도전해보자.

- 카타의 단어 감싸기[4]에 도전해보자.
- 다음 장을 읽기 전에 트우터를 완성하는 데 필요한 기능을 나열해보자.

---

**4** *https://oreil.ly/vH2Q5*

## 6.12 도전 과제를 완료하며

조를 만나 프로젝트가 잘 진행되었다고 이야기했다. 많은 코어 도메인 요구 사항을 구현했으며 시스템이 어떻게 설계되었는지도 설명했다. 아직 트우터를 완성하지는 못했다. 다양한 컴포넌트와 상호작용할 수 있도록 응용프로그램을 연결하는 방법은 아직 모른다. 트우터가 재시작되었을 때 트웃이 사라지지 않도록 어딘가에 영구 저장하는 기능도 만들지 않았다.

조는 지금까지의 작업 진행 소식에 기뻐하며 앞으로 완성될 트우터 구현에 흥분을 감추지 못했다. 7장에서는 트우터 설계를 완성하면서 살펴보지 않은 주제를 설명한다.

# CHAPTER 7

# 트우터 확장판

## 7.1 도전 과제

조는 현대적인 온라인 통신 시스템을 구현해달라고 요청했다. 6장에서는 코어 비즈니스 도메인 구현 방법뿐만 아니라 설계를 검증하는 테스트도 만들었다. 큰 문제를 쪼개서 해결책을 모색하는 방법과 설계, 관련 데이터 모델링을 결정하는 방법을 배웠다. 하지만 여전히 트우터 프로젝트에는 해야 할 일이 남아 있다. 7장에서 남은 작업을 완료해보자.

## 7.2 목표

7장에서는 다음과 같은 주제로 6장에서 진행하던 프로젝트를 완성해본다.

- 의존관계 역전 원칙dependency inversion principle(DIP)과 의존관계 주입dependency injection(DI)으로 결합도 피하기
- 저장소 패턴, 쿼리 객체 패턴으로 데이터 영구 저장하기
- 함수형 프로그래밍이란 무엇이며 자바로 구현한 실제 응용프로그램에 이를 적용하는 방법을 간단히 소개한다.

## 7.3 이전 줄거리

6장에서 진행했던 트우터 프로젝트의 핵심 설계를 되짚어보자. 6장부터 여기까지 쉬지 않고 읽은 독자라면 이 부분은 생략해도 좋다.

- Twootr는 비즈니스 로직을 인스턴스화하고 시스템을 조정하는 부모 클래스다.
- Twoot은 사용자가 시스템에서 발송한 하나의 메시지 인스턴스다.
- ReceiverEndPoint는 UI 어댑터가 구현해야 하는 인터페이스로 Twoot 객체를 UI로 푸시한다.
- SenderEndPoint는 사용자가 시스템으로 전송한 이벤트에 대응하는 메서드를 포함한다.
- KeyGenerator 클래스는 비밀번호 관리와 해싱을 담당한다.


## 7.4 영구 저장과 저장소 패턴

현재 시스템은 트우팅 동작의 핵심 기능을 지원한다. 안타깝게도 자바 프로세스를 재시작하면 모든 트웃과 사용자 정보가 사라진다. 프로세스를 재시작해도 정보가 사라지지 않도록 저장하는 기능이 필요하다. 이전에 소프트웨어 아키텍처를 설명하면서 포트와 어댑터로 저장소 백엔드 선택이 응용프로그램의 코어에 영향을 미치지 않도록 설계하는 방법을 배웠다. 특히 **저장소 패턴**repository pattern이라는 유명한 패턴을 이용하면 문제를 쉽게 해결할 수 있다.

저장소 패턴은 도메인 로직과 저장소 백엔드 간의 인터페이스를 정의한다. 저장소 패턴을 이용하면 나중에 응용프로그램의 저장소를 다른 저장소 백엔드로 쉽게 갈아탈 수 있다. 저장소 패턴의 장점은 다음과 같다.

- 저장소 백엔드를 도메인 모델 데이터로 매핑하는 로직을 중앙화centralize함
- 실제 데이터베이스 없이도 코어 비즈니스 로직을 유닛 테스트하므로 빠르게 테스트를 실행할 수 있음
- 각 클래스가 하나의 책임을 가지므로 유지보수성과 가독성이 좋아짐

저장소란 객체 컬렉션과 비슷하다. 다만 컬렉션처럼 객체를 메모리에 저장하지 않고 다른 어딘가에 저장한다는 점이 다르다. 보통 응용프로그램의 설계를 진행하면서 테스트로 저장소 설계를 추가한다. 하지만 여기서는 시간을 절약할 수 있도록 최종 구현 방법을 바로 설명한다. 저장소는 객체 컬렉션이므로 트우터에는 User 객체와 Twoot 객체를 저장할 두 저장소가 필요하다.

대부분의 저장소는 다음과 같은 몇 가지 공통 기능을 구현한다.

- **add()** : 새 객체 인스턴스를 저장소로 저장
- **get()** : 식별자로 한 개의 객체를 검색
- **delete()** : 영구 저장 백엔드에서 인스턴스 삭제
- **update()** : 객체에 저장한 값이 인스턴스의 필드와 같게 만듦

이런 종류의 연산을 줄여서 **CRUD**라 부른다. CRUD는 각각 생성create, 읽기read, 갱신update, 삭제delete를 의미한다. 여기서는 create, read 대신 컬렉션 프레임워크 같은 자바에서 일반적으로 사용하는 이름인 add, get을 사용한다.

## 7.4.1 저장소 설계

예제에서는 하향식, 테스트 주도로 저장소를 설계한다. 즉 두 저장소는 아직 아무 동작도 구현하지 않은 백지 상태에서 시작한다. [예제 7-1]의 UserRepository는 User 삭제 기능을 포함하지 않는다. 요구 사항에 사용자를 삭제하는 기능이 없기 때문이다. 고객인 조에게 이 부분이 괜찮은지 물었더니 그는 '일단 트웃을 시작하면 그만둘 수 없을 걸요?'라고 말했다.

저장소에 '일반적인' 기능을 추가하고 싶은 유혹이 생길 수 있지만 주의해야 한다. 사용하지 않는 코드와 **불필요한 코드**dead code는 일종의 부채이기 때문이다. 어떻게 보면 모든 코드는 부채라고 할 수 있다. 코드가 실제로 동작을 실행하면서 시스템에 도움을 준다면 다행이지만, 사용하지 않는 코드는 부채일 뿐이다. 요구 사항이 바뀌면서 코드베이스를 리팩터링하고 개선할 때, 사용하지 않는 코드가 많다면 작업이 더욱 어려워진다.

직접적으로 언급하진 않았지만 지금까지 이 책은 여러분에게 **YAGNI**를 암시해왔다. YAGNI는 '**여러분은 그 기능이 필요하지 않을 거에요**you aren't gonna need it'를 의미한다. 이는 저장소처럼 추상화와 다른 개념을 사용하지 말라는 의미가 아니다. 미래에 사용할 것 같은 기능은 구현하지 말고 정말로 사용해야 할 때 그 기능을 구현하라는 의미다.

**예제 7-1** UserRepository

```
public interface UserRepository extends AutoCloseable {
    boolean add(User user);
```

```
    Optional<User> get(String userId);

    void update(User user);

    void clear();

    FollowStatus follow(User follower, User userToFollow);
}
```

객체마다 저장 방법이 다르므로 두 저장소의 설계도 다르다. Twoot 객체는 불변이므로 [예제 7-2]의 TwootRepository에 update() 기능을 구현하지 않았다.

**예제 7-2** TwootRepository

```
public interface TwootRepository {
    Twoot add(String id, String userId, String content);

    Optional<Twoot> get(String id);

    void delete(Twoot twoot);

    void query(TwootQuery twootQuery, Consumer<Twoot> callback);

    void clear();
}
```

일반적인 저장소의 add() 메서드는 데이터베이스에 저장할 객체를 인수로 받는다. 하지만 TwootRepository에서는 조금 다른 방식을 사용한다. TwootRepository의 add() 메서드는 몇 가지 파라미터 값을 받아 객체를 만들어 반환한다. 데이터소스에서 다음 position 객체를 Twoot에 할당하기 때문이다. **데이터 계층**<sup>data layer</sup>은 트우터 객체 시퀀스를 만드는 적절한 도구를 가지므로 고유 객체를 만드는 일을 데이터 계층에 위임한다.

아직 position을 할당하지 않은 Twoot 객체에 이를 추가하면서 position 필드를 할당하는 방법도 있다. 하지만 현재 객체의 생성자는 final 필드를 포함한 내부 상태가 제대로 초기화 되었는지 확인한다. 객체를 생성할 때 위치를 할당하지 않으면 객체가 제대로 초기화되지 않으므로 객체 생성 원칙을 위반한다.

[예제 7-3]은 제네릭 인터페이스로 저장소 패턴을 구현한 예다. TwootRepository는 update() 메서드를, UserRepository는 delete() 메서드를 포함하지 않으므로 현재 예제에는 이를 적용하기 어렵다. 다양한 저장소를 추상화하는 코드가 필요하다면 이 방법을 활용하자. 단지 저장소라는 이유로 한 인터페이스를 구현하도록 강요한다면 좋은 추상화 설계라고 할 수 없다.

**예제 7-3** AbstractRepository

```java
public interface AbstractRepository<T>
{
    void add(T value);

    Optional<T> get(String id);

    void update(T value);

    void delete(T value);
}
```

## 7.4.2 쿼리 객체

각 저장소는 쿼리 지원 방식도 다르다. 트우터의 UserRepository에는 쿼리 기능이 필요 없는 반면, 사용자가 로그인했을 때 트웃을 재생하려면 Twoot 객체를 검색할 수 있어야 한다. 쿼리 기능을 구현하는 가장 좋은 방법이 뭘까?

다양한 방법으로 쿼리 기능을 구현할 수 있다. 저장소를 마치 자바 컬렉션<sup>Java collection</sup>처럼 구현한 다음, 여러 Twoot 객체를 반복하며 필요한 작업을 수행하는 방법으로 간단하게 이 기능을 구현한다. 쿼리, 필터 로직은 일반 자바 코드로 구현한다. 구현은 단순하지만, 데이터 저장소의 모든 데이터 행을 자바 응용프로그램으로 가져온 다음 필요한 쿼리를 수행할 수 있으므로 속도가 현저히 느릴 가능성이 크다. SQL 데이터베이스 같은 데이터 저장소 백엔드는 최적화가 잘되어 있고 데이터 쿼리와 정렬 기능의 효율성이 높으므로 기존의 쿼리 기능을 그대로 활용하는 것이 바람직하다.

데이터 저장소 쿼리 기능을 구현하는 방법을 결정했으니 이제 TwootRepository 인터페이스로 어떻게 이 기능을 노출할지 결정할 차례다. 쿼리 수행 비즈니스 로직에 대응하는 메서드를 추가하는 방법이 있다. 예를 들어 [예제 7-4]처럼 사용자 객체로 관련 트웃을 검색하는 twootsForLogon() 메서드를 구현한다. 그러면 특정 비즈니스 로직 기능이 저장소 구현과 결합되는 단점이(애초에 이런 결합을 피하기 위해 저장소를 사용했음에도 불구하고) 생긴다. 요구 사항이 바뀌면 코어 도메인 로직뿐만 아니라 저장소도 바꿔야 하므로 구현을 바꾸기가 어려우며 단일 책임 원칙에도 위배된다.

**예제 7-4** twootsForLogon

```
List<Twoot> twootsForLogon(User user);
```

데이터 저장소와 비즈니스 로직을 결합하지 않으면서 데이터 저장소의 쿼리 기능을 활용할 방법이 필요하다. [예제 7-5]처럼 주어진 비즈니스 조건으로 저장소를 쿼리하는 메서드를 추가할 수 있다. 기존의 두 가지 방법보다는 좋지만 여전히 완벽하지는 않다. 시간이 지나면서 더 다양한 쿼리 기능이 필요한데, 각 쿼리를 메서드로 하드코딩한다면 저장소에 더 많은 메서드를 추가해야 하므로 코드가 거대해지고 이해하기 어려워진다.

**예제 7-5** twootsFromUsersAfterPosition

```
List<Twoot> twootsFromUsersAfterPosition(Set<String> inUsers, Position
lastSeenPosition);
```

이 문제를 개선한 [예제 7-6] 코드를 살펴보자. **TwootRepository**로 쿼리할 조건을 객체 안에 추상화했다. 덕분에 메서드를 추가할 필요 없이 이 메서드 하나의 다양한 추가 속성으로 쿼리를 수행할 수 있다. [예제 7-7]은 **TwootQuery** 객체 정의 코드다.

**예제 7-6** query

```
List<Twoot> query(TwootQuery query);
```

**예제 7-7** TwootQuery

```
public class TwootQuery {
    private Set<String> inUsers;
    private Position lastSeenPosition;
```

```java
    public Set<String> getInUsers() {
        return inUsers;
    }

    public Position getLastSeenPosition() {
        return lastSeenPosition;
    }


    public TwootQuery inUsers(final Set<String> inUsers) {
        this.inUsers = inUsers;

        return this;
    }

    public TwootQuery inUsers(String... inUsers) {
        return inUsers(new HashSet<>(Arrays.asList(inUsers)));
    }

    public TwootQuery lastSeenPosition(final Position lastSeenPosition) {
        this.lastSeenPosition = lastSeenPosition;

        return this;
    }

    public boolean hasUsers() {
        return inUsers != null && !inUsers.isEmpty();
    }
}
```

하지만 이 예제 코드도 트웃 쿼리의 최종 설계는 아니다. 객체 List를 반환한다는 것은 모든 Twoot 객체를 메모리에 저장해 한 번에 처리함을 의미한다. List의 크기가 매우 클 수 있으므로 이는 좋은 방법이 아니다. 모든 객체의 쿼리를 반드시 한 번에 완료해야 하는 상황이 아닐 수도 있다. 모든 Twoot 객체를 메모리에 저장하는 대신 각 객체를 UI로 푸시해 이 문제를 해결할 수 있다. 일부 저장소는 반환된 결과 집합을 모델링하는 객체를 갖도록 구현했다. 이 결과 객체를 이용해 페이지를 바꾸거나 반복하면서 값을 확인한다.

여기서는 Consumer<Twoot> 콜백<sup>callback</sup>으로 간단히 문제를 해결한다. 이 함수는 한 개의 인수 (Twoot)를 받아 void를 반환한다. 람다 표현식이나 메서드 레퍼런스로 이 인터페이스를 구현한다. [예제 7-8]은 최종 코드다.

**예제 7-8** query

```
void query(TwootQuery twootQuery, Consumer<Twoot> callback);
```

[예제 7-9]는 이 쿼리 메서드를 사용하는 예제다. `onLogon()` 메서드에서 쿼리를 이처럼 호출한다. 로그온한 사용자가 팔로우하는 사용자 집합을 쿼리에 사용한다. 또한 마지막 확인 위치도 쿼리에 포함한다. 쿼리의 결과는 이전에 설명한 `user::receiveTwoot` 메서드 레퍼런스로 받으며 이는 **Twoot** 객체를 UI **ReceiverEndPoint**로 발행한다.

**예제 7-9** 쿼리 메서드 사용 예

```
twootRepository.query(
    new TwootQuery()
        .inUsers(user.getFollowing())
        .lastSeenPosition(user.getLastSeenPosition()),
    user::receiveTwoot);
```

여기까지 응용프로그램 로직의 코어에서 사용할 수 있는 저장소 인터페이스를 완성했다.

이 책에서는 설명하지 않았지만 **작업 단위**Unit of Work 패턴이라는 저장소 구현 기법도 있다. 트우터에서는 작업 단위를 사용하지 않았지만 저장소 구현 시 자주 사용하는 패턴이다. 영업부를 위한 응용프로그램의 기능 대부분은 데이터 저장소와 데이터를 주고받는다. 예를 들어 두 은행 계좌 사이에 돈을 이체하거나 한 계좌에서 돈을 인출하고 이를 다른 계좌로 입금하고 싶다. 이때 한 가지 동작이라도 실패하면 전체 동작을 취소해야 한다. 즉 인출 계좌에 충분한 돈이 없는데 다른 계좌로 이를 입금하고 싶지 않거나 반대로 입금이 안 되었는데 인출하고 싶지는 않다.

데이터베이스는 보통 ACID[1]를 준수하도록 트랜잭션transaction을 구현하므로 이런 종류의 작업이 안전하게 수행될 수 있도록 보장한다. 트랜잭션이란 논리적으로 한 개의 아토믹 연산atomic operation으로 취급할 수 있는 여러 데이터베이스 연산의 그룹을 가리킨다. 작업 단위는 데이터베이스 트랜잭션이 원활하게 수행되도록 돕는 디자인 패턴이다. 기본적으로 저장소에 수행하

---

**1** 옮긴이_ ACID와 관련된 자세한 사항은 위키백과(*https://ko.wikipedia.org/wiki/ACID*)를 참고하자.

는 모든 연산은 작업 단위 객체로 등록된다. 작업 단위 객체(필요한 연산을 트랜잭션으로 감싸는)를 한 개 이상의 저장소에 위임할 수 있다.

하지만 설계한 저장소 인터페이스를 실제로 어떻게 구현하는지는 아직 설명하지 않았다. 소프트웨어 개발이 그렇듯 다양한 방법으로 저장소를 구현할 수 있다. 자바 생태계에는 이 작업을 자동화하는 다양한 객체 관계 매핑object-relational mapping(ORM)이 준비되어 있다. 그중에서도 하이버네이트Hibernate[2]는 가장 유명한 ORM 중 하나다. ORM을 이용하면 일부 작업을 자동화할 수 있지만, 데이터베이스 쿼리 코드 결과물의 최적화가 완벽하지 못할 때도 있어 상황이 더 복잡해지기도 한다.

예제 프로젝트에서는 각 저장소에 두 가지 구현을 제공한다. 첫 번째는 시스템을 재시작할 때 데이터를 영구 저장하지 않는 간단한 테스트용 인메모리in-memory 구현이다. 일반 SQL과 JDBC API를 이용하는 두 번째 방법도 있다. 이 기능을 구현하면서 이 책의 주제에 맞는 흥미로운 자바 프로그래밍 이야깃거리가 나오진 않으므로 구현 방법을 자세히 살펴보지는 않는다. 대신 7.5절에서 프로젝트 구현에 함수형 프로그래밍을 어떻게 활용할 수 있는지 알아보자.

## 7.5 함수형 프로그래밍

함수형 프로그래밍은 메서드를 수학 함수처럼 취급하는 컴퓨터 프로그래밍 형식이다. 함수형 프로그래밍에서는 가변 상태와 데이터 변경을 피한다. 모든 언어로 함수형 프로그래밍을 할 수 있지만 일부 언어는 함수형 프로그래밍에 특화되어 있다. 이런 언어를 **함수형 프로그래밍 언어**functional programming language라 부른다. 자바는 함수형 프로그래밍 언어는 아니지만 첫 버전이 릴리스된 지 20년 만에 발표된 자바 8에서는 함수형 프로그래밍 구현에 도움을 주는 몇 가지 기능이 추가되었다. 람다 표현식, 스트림 API와 컬렉터 APICollectors API, `Optional` 클래스 등의 기능이 이에 해당한다. 7.5절에서는 함수형 프로그래밍 기능을 조금 더 살펴보면서 트우터에 어떻게 활용할 수 있는지 알아보자.

자바 8 이전에는 라이브러리 개발자가 활용할 수 있는 추상화 수준에 한계가 있었다. 예를 들어 큰 데이터 컬렉션에서는 효과적으로 병렬 연산을 수행할 수 없었다. 자바 8부터는 복잡한

---

**2** *http://hibernate.org/*

컬렉션 처리 알고리즘을 구현할 수 있으며, 메서드 호출 방식을 살짝 바꿔 멀티코어 CPU를 효율적으로 활용할 수 있다. 하지만 이렇게 대량 데이터 병렬 처리 라이브러리를 구현하려면 새로운 자바 언어 기능인 람다 표현식이 필요하다.

물론 람다 표현식을 읽고 구현하려면 이를 배워야 한다. 다행히 새로운 문법과 용어를 조금만 익히면 스레드 안전<sup>thread safety</sup>을 갖춘 복잡한 코드를 구현할 수 있다. 이 덕분에 기업 비즈니스 응용프로그램을 개발하거나 관련된 많은 라이브러리와 프레임워크는 방해물을 제거해 시간과 비용을 절약할 수 있었다.

객체지향 프로그래밍을 사용해본 사람이라면 누구나 추상화라는 개념에 익숙할 것이다. 객체지향 프로그래밍에서는 보통 데이터 추상화를 얘기하지만, 함수형 프로그래밍에서는 동작 추상화에 초점을 둔다. 실전에서는 두 가지 추상화 모두 필요하므로 개발자도 두 가지를 모두 배워야 한다.

새로운 추상화로 얻을 수 있는 다른 이득도 있다. 요즘에는 대부분의 개발자가 항상 최적의 성능을 추구하는 코드를 작성하려는 것보다 다른 것을 목표로 한다. 예를 들어 동작이 어떤 방식으로 수행했는지 보다 비즈니스 로직의 의도를 표현하기 위해 더 많은 시간을 투자해 읽기 쉬운 코드 구현을 목표로 한다. 읽기 쉬운 코드는 읽기 어려운 코드보다 유지보수하기 쉽고, 더 안정적이며 오류가 적게 발생한다.

## 7.5.1 람다 표현식

익명 함수를 람다 표현식으로 줄여서 정의한다. 결과를 바로 설명하기에는 너무 많은 과정이 생략될 수 있으니 먼저 기존 자바 코드를 사용한 예제로 람다 표현식이 무엇인지 알아보자. 콜백을 표현하는 ReceiverEndPoint 인터페이스 코드인 [예제 7-10]을 먼저 살펴보자.

예제 7-10 ReceiverEndPoint

```
public interface ReceiverEndPoint {
    void onTwoot(Twoot twoot);
}
```

예제에서는 ReceiverEndPoint 인터페이스 구현을 제공하는 새로운 객체를 만든다. 이 인터페이스는 onTwoot이라는 메서드 한 개를 포함하며 트우터 객체가 Twoot 객체를 UI 어댑터로 보낼 때 이 메서드를 사용한다. [예제 7-11]의 클래스는 이 메서드를 구현한다. 여기서는 UI로 직렬화된 객체를 실제로 보내는 것이 아니고, 간단하게 명령줄에 정보를 출력한다.

**예제 7-11** 클래스로 ReceiverEndPoint 구현

```java
public class PrintingEndPoint implements ReceiverEndPoint {
    @Override
    public void onTwoot(final Twoot twoot) {
        System.out.println(twoot.getSenderId() + ": " + twoot.getContent());
    }
}
```

> **NOTE_** 위 코드는 사실 동작 파라미터화behavior parameterization, 즉 UI로 보내는 메시지의 동작을 다양하게 파라미터화한 예제다.

여기서 실제 동작은 한 줄이지만 의미 없는 코드가 일곱 줄이나 추가되었다. 자바는 프로그래 머가 필요한 동작만 쉽게 표현하고 전달할 수 있도록 익명 내부 클래스anonymous inner class를 제공 한다. [예제 7-12]에서 볼 수 있는 것처럼 익명 내부 클래스로 코드를 조금 줄일 수 있지만 여 전히 동작을 전달하는 부분을 쉽게 파악할 수 없다.

**예제 7-12** 익명 클래스로 ReceiverEndPoint 구현

```java
final ReceiverEndPoint anonymousClass = new ReceiverEndPoint() {
    @Override
    public void onTwoot(final Twoot twoot) {
        System.out.println(twoot.getSenderId() + ": " + twoot.getContent());
    }
};
```

쓸모없는 코드가 있다는 문제뿐만 아니라 프로그래머의 의도를 이해하기가 어려운 코드라는 문제도 있다. 객체를 전달하고 싶은 것이 아니라 어떤 동작을 전달하고 싶기 때문이다. 자바 8 부터는 [예제 7-13]처럼 람다 표현식을 사용할 수 있다.

```
        final ReceiverEndPoint lambda =
            twoot -> System.out.println(twoot.getSenderId() + ": " + twoot.
getContent());
```

인터페이스를 구현하는 객체를 전달하는 대신, 코드 블록(이름이 없는 함수)을 전달했다. twoot은 익명 내부 클래스 예제에서 사용한 파라미터와 이름이 같다. ->는 파라미터와 람다 표현식의 구분자로 트우터가 발행되면 ->의 오른쪽 코드가 실행된다.

람다 표현식을 사용하면서 이벤트를 정의하는 방법도 달라졌다. 이전에는 Twoot twoot처럼 명시적으로 이벤트의 형식을 선언했다. 예제에서는 이벤트의 형식을 선언하지 않았고, 콘텍스트(onTwoot 함수 시그니처)에 따라 변수의 형식을 추론하도록 만들었다. 즉 문맥상 형식이 명백하다면 이를 선언할 필요가 없다.

> **NOTE_** 람다 메서드 파라미터는 불필요한 코드를 제거하면서도 정적 형식을 유지한다. 가독성, 친밀성familiarity이 중요하거나 컴파일러가 형식을 판단하기 어려울 때는 명시적으로 형식을 선언할 수 있다.

## 7.5.2 메서드 레퍼런스

지금까지 람다 표현식은 제공된 파라미터의 메서드를 호출한다는 공통점이 있다. [예제 7-14]는 Twoot의 콘텐츠를 얻는 람다 표현식 예다.

예제 7-14 트웃의 콘텐츠 얻기

```
twoot -> twoot.getContent()
```

이는 일상에서 아주 자주 발생하는 상황이므로 메서드 레퍼런스라는 단축 구문abbreviated syntax으로 기존 메서드를 표현할 수 있다. [예제 7-15]는 [예제 7-14]를 메서드 레퍼런스로 표현한 예다.

```
Twoot::getContent
```

메서드 레퍼런스의 표준 형식은 **클래스 이름::메서드 이름**이다. 메서드 레퍼런스는 메서드이지만, 실제로 메서드를 호출하지는 않으므로 괄호를 사용하지 않는다. 람다 표현식으로 메서드 선언을 대체했듯이 람다 표현식을 메서드 레퍼런스로 대체할 수 있다. 즉 람다 표현식 대신 메서드 레퍼런스를 사용할 수 있다.

같은 단축 구문으로 생성자를 호출할 수 있다. [예제 7-16]은 SenderEndPoint를 생성하는 람다 표현식 코드다.

예제 7-16 람다로 SenderEndPoint 생성

```
(user, twootr) -> new SenderEndPoint(user, twootr)
```

이를 [예제 7-17]처럼 메서드 레퍼런스로 대체할 수 있다.

예제 7-17 메서드 레퍼런스로 SenderEndPoint 생성

```
SenderEndPoint::new
```

메서드 레퍼런스로 코드를 단축할 수 있을 뿐만 아니라 읽기도 쉬워졌다. SenderEndPoint::new라는 코드로 SenderEndPoint 객체를 만든다는 사실을 쉽게 알 수 있기 때문이다. 올바른 함수형 인터페이스를 갖춘다면 메서드 레퍼런스는 자동으로 여러 파라미터를 처리한다.

자바 8의 변화를 처음 살펴봤을 때 친구 한 명은 메서드 레퍼런스가 '마법' 같다고 했다. 람다 표현식 코드를 마치 데이터처럼 여기저기로 전달하는 상황에서 더 나아가 메서드를 직접 참조할 수 있다는 점이 마치 마법 같이 느껴진다는 뜻이다.

메서드 레퍼런스 덕분에 함수가 명시적으로 일급의 개념<sup>concept of first-class</sup>으로 취급된다. 덕분에 마치 값처럼 동작을 전달하고 처리할 수 있어 두 개 이상의 함수를 조합할 수도 있다.

### 7.5.3 실행 어라운드

**실행 어라운드**execute around는 함수형 디자인 패턴에서 자주 사용된다. 항상 비슷한 작업을 수행하는 초기화, 정리 코드가 있고, 초기화, 정리 코드에서 실행하는 비즈니스 로직에 따라 이를 파라미터화하고 싶은 상황을 겪어봤을 것이다. [그림 7-1]은 실행 어라운드 패턴 예제다. 다음과 같은 상황에서 실행 어라운드를 사용한다.

- **파일**

  파일을 사용하기 전에 열고, 파일을 사용한 다음 닫는다. 작업에 문제가 생기면 예외를 기록해야 한다. 파라미터화된 코드로 파일의 내용을 읽거나 파일에 데이터를 기록한다.

- **락**

  임계 구역critical section 이전에 락lock을 획득한 다음, 크리티컬 섹션 다음에 락을 해제한다. 파라미터된 코드가 임계 구역이다.

- **데이터베이스 연결**

  초기화 작업에서 데이터베이스를 연결하고 작업을 완료한 후 연결을 닫는다. 데이터베이스 연결 풀을 이용하는 상황이라면, 연결 로직에서 풀의 연결을 가져오도록 만들 수 있어 유용하다.

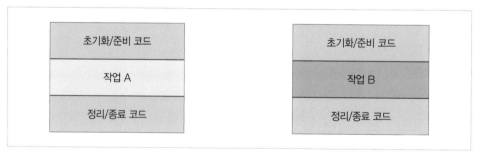

**그림 7-1** 실행 어라운드 패턴

초기화, 정리 로직은 여러 곳에서 사용되므로 코드가 중복될 수 있다. 즉 초기화, 정리 코드를 바꿔야 한다면, 응용프로그램의 여러 장소에서 코드를 바꿔야 한다. 또한 중복된 코드가 존재하므로 코드의 일관성이 사라지면서 응용프로그램에 잠재 버그가 생길 수 있다.

실행 어라운드 패턴에서는 초기화, 정리 코드에서 공통 메서드를 추출해 문제를 해결한다. 이 메서드는 같은 전체 패턴의 유스 케이스에 따라 다른 동작을 수행하도록 파라미터를 받는다. 보통 람다 표현식의 코드 블록으로 필요한 기능을 구현할 수 있도록 인터페이스를 파라미터로 정의한다.

[예제 7–18]은 extract 메서드 구현 예제다. 트우터에서는 데이터베이스에 SQL문을 실행할 때 이 메서드를 활용한다. extract 메서드는 제공된 SQL문을 위한 객체를 생성하며, 이 객체에서 extractor 동작을 실행한다. extractor는 단순히 PreparedStatement를 이용해 결과를 추출하는 콜백이다(예를 들어 데이터베이스에서 데이터를 읽음).

**예제 7-18** extract 메서드에 실행 어라운드 패턴 사용

```
<R> R extract(final String sql, final Extractor<R> extractor) {
    try (var stmt = conn.prepareStatement(sql, Statement.RETURN_GENERATED_KEYS)) {
        stmt.clearParameters();
        return extractor.run(stmt);
    } catch (SQLException e) {
        throw new IllegalStateException(e);
    }
}
```

## 7.5.4 스트림

자바의 가장 중요한 함수형 프로그래밍 기능은 컬렉션 API와 **스트림**에 중점을 둔다. 스트림 덕분에 루프를 이용하지 않고 높은 수준으로 컬렉션 처리 코드를 추상화할 수 있다. 7.5.4절에서는 스트림 인터페이스에 포함된 다양한 함수를 살펴본다. 각 함수는 컬렉션에서 제공하는 기본 기능에 대응한다.

### map()

어떤 형식의 값을 포함하는 스트림을 다른 형식의 값의 스트림으로 변환할 때 map()을 활용한다.

여러분은 이미 루프를 이용해 맵과 비슷한 연산을 수행해본 적이 있을 것이다. DatabaseTwoot Repository에서는 사용자가 팔로우하는 모든 사용자 id 값을 포함하는 쿼리 문자열로 사용할 튜플을 만들었다. 각 id 값을 문자열로 인용했고 전체 튜플은 괄호로 감쌌다. 예를 들어 "richardwarburto"와 "raoulUK"라는 사용자를 팔로우한다면 "(richardwarburto, raoulUK)"라는 튜플 문자열이 만들어진다. 매핑 패턴으로 각 id를 "id"로 변환하고 이들을 List로 추가해 이 튜플을 만든다. String.Join() 메서드로 각 값 사이에 쉼표를 추가한다. [예제 7-19]는 이 방식으로 튜플을 만드는 코드다.

**예제 7-19** 루프로 사용자 튜플 만들기

```java
private String usersTupleLoop(final Set<String> following) {
    List<String> quotedIds = new ArrayList<>();
    for (String id : following) {
        quotedIds.add("'" + id + "'");
    }
    return '(' + String.join(",", quotedIds) + ')';
}
```

map()은 스트림에서 가장 많이 사용하는 연산 중 하나다. [예제 7-20]은 같은 기능을 map() 으로 구현한 코드다. 이 예제에서는 joining() 컬렉터로 스트림의 요소를 문자열로 합쳤다.

**예제 7-20** map()으로 사용자 튜플 만들기

```java
private String usersTuple(final Set<String> following) {
    return following
        .stream()
        .map(id -> "'" + id + "'")
        .collect(Collectors.joining(",", "(", ")"));
}
```

map()으로 전달한 람다 표현식은 String을 인수로 받아 String을 반환한다. 인수와 반환 형식이 같아야 할 필요는 없지만, 전달한 람다 표현식은 Function 인스턴스여야 한다. 이 범용 함수형 인터페이스는 오직 한 개의 인수를 받는다.

## forEach()

스트림의 값에 부작용을 일으키는 작업을 수행할 때 forEach() 연산을 활용한다. 예를 들어 각 사용자의 이름을 출력하거나 스트림의 각 트랜잭션을 데이터베이스에 저장하려고 한다. 이 때 forEach()는 스트림의 모든 요소를 인수로 받아 작업을 수행하는 Consumer 콜백을 한 개의 인수로 받는다.

# filter()

어떤 데이터를 반복하면서 각 요소에 `if`문을 적용하는 상황이라면 `Stream.filter()` 메서드를 이용할 수 있다.

예를 들어 `InMemoryTwootRepository`는 `TwootQuery`를 만족하는 트웃을 찾기 위해 다양한 `Twoot` 객체를 쿼리한다. 팔로우하는 사용자의 트웃 중 사용자가 마지막으로 확인한 이후의 트웃만 검색한다. [예제 7–21]은 이를 루프 형식으로 구현한 코드다.

**예제 7-21** 루프로 트웃을 반복하면서 `if`문으로 확인

```java
    public void queryLoop(final TwootQuery twootQuery, final Consumer<Twoot> callback)
  {
        if (!twootQuery.hasUsers()) {
            return;
        }

        var lastSeenPosition = twootQuery.getLastSeenPosition();
        var inUsers = twootQuery.getInUsers();

        for (Twoot twoot : twoots) {
            if (inUsers.contains(twoot.getSenderId()) &&
                twoot.isAfter(lastSeenPosition)) {
                callback.accept(twoot);
            }
        }
    }
```

여러분은 아마 **필터 패턴**filter pattern이라 부르는 종류의 코드를 이미 구현한 적이 있을 것이다. 필터의 핵심은 스트림의 특정 요소만 보존하고 다른 요소는 버린다는 점이다. [예제 7–22]는 함수형 스타일로 코드를 구현한 예다.

**예제 7-22** 함수형 스타일

```java
    @Override
    public void query(final TwootQuery twootQuery, final Consumer<Twoot> callback) {
        if (!twootQuery.hasUsers()) {
            return;
        }
```

```
        var lastSeenPosition = twootQuery.getLastSeenPosition();
        var inUsers = twootQuery.getInUsers();

        twoots
            .stream()
            .filter(twoot -> inUsers.contains(twoot.getSenderId()))
            .filter(twoot -> twoot.isAfter(lastSeenPosition))
            .forEach(callback);
    }
```

map()처럼 filter()도 한 개의 함수를 인수(예제에서는 람다 표현식을 받음)로 받는다. 이 함수는 이전 예제의 if문과 같은 작업을 수행한다. 여기서 String이 숫자로 시작하면 true를 반환한다. 기존 코드를 리팩터링하면서 루프 바디에 if문이 보인다면 이는 필터로 대체할 수 있는 코드일 가능성이 크다. 이 함수는 if문과 같은 작업을 수행해야 하므로 값을 제공했을 때 true나 false를 반환해야 한다. filter()를 적용한 이후의 스트림이 이전의 스트림과 같은 요소를 가지면 true로 평가한다.

## reduce()

컬렉션에 루프 연산을 사용해본 독자라면 reduce() 패턴이 친근하게 느껴질 것이다. 전체 리스트를 한 개의 값으로 줄이는 상황, 예를 들면 다양한 트랜잭션에서 모든 값의 합계를 찾는 작업에서 reduce() 패턴을 사용한다. [예제 7-23]은 루프를 이용한 일반적인 reduce() 패턴 코드다. 값의 컬렉션을 한 개의 결과로 만들기 위해 reduce() 연산을 사용한다.

예제 7-23 reduce() 패턴

```
Object accumulator = initialValue;
for (Object element : collection) {
  accumulator = combine(accumulator, element);
}
```

루프의 바디에서 accumulator를 이용해 계산하려는 최종 결괏값을 저장한다. 처음엔 accumulator에 initialValue를 저장하고, 리스트의 각 요소에 combine 연산을 적용해 결과를 accumulator로 합친다.

initialValue와 합치는 함수를 구현하는 것이 reduce() 패턴의 핵심이다. 원래 예제에서는 리스트의 첫 번째 값을 initialValue로 할당했는데, 반드시 그럴 필요는 없다. 목록을 빨리 계산할 수 있도록 combine 메서드는 accumulator와 현재 요소 중 빨리 계산할 수 있는 쪽을 반환한다. 스트림 API에서 이 일반 패턴을 어떻게 정립했는지 살펴보자.

reduce() 연산으로 여러 트웃을 한 개의 큰 트웃으로 합치는 기능을 추가한다. Twoot 객체 목록, 전송자의 Twoot과 id를 인수로 제공하면 가장 위치가 큰 트웃으로 각 콘텐츠 값을 통합한다. [예제 7-24]는 이 기능을 구현하는 대략적인 코드다.

빈 id, senderId와 가장 낮은 위치(INITIAL_POSITION)로 Twoot 객체를 만들었다. 그리고 reduce() 연산의 accumulator로 각 요소를 합친다. 마지막 스트림 요소에 도달하면 accumulator는 모든 요소의 합이 된다.

리듀서reducer라 불리는 람다 표현식은 두 인수를 받아 합침 동작을 수행한다. acc는 accumulator이며 합쳐진 이전 트웃을 저장한다. 또한 스트림의 현재 Twoot으로 acc를 전달한다. 이 예제에서 리듀서는 두 위치 중 높은 위치로 콘텐츠를 연결하며, 지정된 id와 senderId로 새 Twoot을 만든다.

**예제 7-24** reduce로 합침 기능 구현하기

```
    private final BinaryOperator<Position> maxPosition = maxBy(comparingInt(Position::g
etValue));

    Twoot combineTwootsBy(final List<Twoot> twoots, final String senderId, final String
newId) {
        return twoots
            .stream()
            .reduce(
                new Twoot(newId, senderId, "", INITIAL_POSITION),
                (acc, twoot) -> new Twoot(
                    newId,
                    senderId,
                    twoot.getContent() + acc.getContent(),
                    maxPosition.apply(acc.getPosition(), twoot.getPosition())));
    }
```

사실 스트림 연산 자체에 그리 놀라운 점은 없다. 하지만 스트림 연산을 합쳐 파이프라인을 구성하면 정말 강력한 기능이 탄생한다. [예제 7-25]는 사용자의 팔로워에게 트웃을 전송

하는 `Twootr.onSendTwoot()` 메서드 코드의 일부다. 우선 `followers()` 메서드를 호출해 `Stream<User>`를 얻는다. 그리고 `filter()` 연산으로 로그인한 사용자, 즉 전송 대상을 찾는다. 그리고 `forEach()` 연산으로 원하는 부작용인 사용자에게 트웃을 전송하고 결과 기록하는 작업을 수행한다.

**예제 7-25** onSendTwoot 메서드의 스트림 사용

```
user.followers()
    .filter(User::isLoggedOn)
    .forEach(follower ->
    {
        follower.receiveTwoot(twoot);
        userRepository.update(follower);
    });
```

## 7.5.5 Optional

`Optional`은 null을 대신하도록 자바 8에서 추가된 코어 자바 라이브러리 데이터 형식이다. 기존의 null 방식엔 많은 문제가 있었다. 이 개념을 고안한 토니 호어Tony Hoare조차 이는 나의 수십억 달러짜리 실수[3]라고 고백했다. 수십억 달러를 본 적조차 없는데 이런 실수를 저지를 수 있다는 부분은 컴퓨터 과학의 묘미라 할 수 있다.

보통 null로 값이 없음을 표현하는데 이를 `Optional`로 바꿀 수 있다. null을 사용하면 무시 무시한 `NullPointerException`이 발생하는 문제가 있다. null인 변수를 참조하면 프로그램이 즉시 종료된다. `Optional`은 두 가지 기능을 제공한다. 첫 번째는 버그를 피하기 위해 변수의 값이 있는지 개발자가 확인하도록 장려한다. 두 번째는 클래스의 API에서 값이 없을 수 있다는 사실을 `Optional` 자체로 문서화한다. 덕분에 지뢰가 묻힌 곳을 한눈에 파악할 수 있다.

`Optional`의 API를 살펴보면서 사용 방법을 확인하자. `of()`라는 팩토리 메서드의 값으로 `Optional` 인스턴스를 만든다. `Optional`은 값의 컨테이너이며 [예제 7-26]처럼 `get()`으로 안에 있는 값을 꺼낼 수 있다.

--------------------------------

**3** *https://oreil.ly/OaXWj*

```
Optional<String> a = Optional.of("a");

assertEquals("a", a.get());
```

Optional은 값을 갖지 않을 수 있는데, 이때 팩토리 메서드 empty()를 사용한다. 또한 ofNullable()로 null이 될 수 있는 값을 Optional로 만들 수도 있다. [예제 7-27]은 두 가지 방법으로 Optional을 만들고, isPresent() 메서드 사용해 Optional이 값을 포함하는지 확인한다.

**예제 7-27** 빈 Optional을 만들고 값이 있는지 확인

```
Optional emptyOptional = Optional.empty();
Optional alsoEmpty = Optional.ofNullable(null);

assertFalse(emptyOptional.isPresent());

// a는 이전 예제에 정의되어 있음
assertTrue(a.isPresent());
```

Optional의 get()은 NoSuchElementException을 던질 수 있으므로 isPresent()를 사용하면 조금 더 안전하게 get()을 호출할 수 있다. 하지만 이는 Optional을 제대로 활용하는 방법이 아니다. 이는 어떤 객체가 null인지 확인하는 기존 방법과 같기 때문이다.

Optional이 비었을 때 대쳇값을 제공하는 orElse() 메서드로 깔끔하게 코드를 구현할 수 있다. 대쳇값 계산에 시간이 많이 걸린다면 orElseGet()을 이용한다. 그래야 Optional이 비었을 때만 Supplier 함수로 전달한 함수가 실행되기 때문이다. [예제 7-28]은 두 가지 방법을 사용한 예다.

**예제 7-28** orElse()와 orElseGet() 사용

```
assertEquals("b", emptyOptional.orElse("b"));
assertEquals("c", emptyOptional.orElseGet(() -> "c"));
```

Optional은 스트림 API에 사용할 수 있는 메서드(filter(), map(), ifPresent() 등)도 제

공한다. 이 메서드들은 스트림 API에서 제공하는 것과 비슷한 기능을 수행하지만, 스트림이 오직 1개 또는 0개 요소만 포함할 수 있다는 점이 다르다. 따라서 Optional.filter()는 조건을 만족하면 Optional의 요소를 유지하고, 프레디케이트(참이나 거짓을 반환하는 함수) 결과가 거짓이거나 빈 Optional이면 그대로 빈 Optional을 반환한다. 마찬가지로 map()은 Optional 안의 값을 변환하는데, 값이 없으면 함수를 아예 적용하지 않는다. 이렇게 Optional이 값을 포함해야 연산을 적용하므로 null보다 Optional이 더 안전하다. forEach()에서는 실과 바늘처럼 Optional과 ifPresent()를 함께 사용하며 값이 있을 때만 Consumer 콜백을 적용한다.

[예제 7-29]는 Twootr.onLogon() 메서드 코드다. 이 예제는 지금까지 배운 기능으로 복잡한 연산을 수행하는 방법을 보여준다. UserRepository.get()에 ID를 전달해 User를 검색하면 Optional이 반환된다. filter()로 사용자의 비밀번호가 유효한지 확인한다. ifPresent()로 사용자가 놓친 트웃을 User에게 알린다. 마지막으로 User 객체를 new SenderEndPoint로 매핑한 결과를 반환한다.

**예제 7-29** onLogon() 메서드의 Optional 사용

```
        var authenticatedUser = userRepository
            .get(userId)
            .filter(userOfSameId ->
            {
                var hashedPassword = KeyGenerator.hash(password, userOfSameId.
 getSalt());
                return Arrays.equals(hashedPassword, userOfSameId.getPassword());
            });

        authenticatedUser.ifPresent(user ->
        {
            user.onLogon(receiverEndPoint);
            twootRepository.query(
                new TwootQuery()
                    .inUsers(user.getFollowing())
                    .lastSeenPosition(user.getLastSeenPosition()),
                user::receiveTwoot);
            userRepository.update(user);
        });

        return authenticatedUser.map(user -> new SenderEndPoint(user, this));
```

7.5절에서는 함수형 프로그래밍을 간단히 살펴봤다. 함수형 프로그래밍을 더 자세히 알고 싶다면 『모던 자바 인 액션』(한빛미디어, 2019)[4]과 『Java 8 Lambdas』(O'Reilly, 2014)[5]를 참고하자.

## 7.6 사용자 인터페이스

지금까지는 코어 문제 도메인 설계에 집중했으므로 시스템의 사용자 인터페이스를 살펴볼 기회가 적었다. UI의 일부를 구현해보면서 지금까지 구현한 이벤트 모델이 서로 어떻게 동작하는지 확인해보자. 예제 프로젝트에서는 자바스크립트로 동적 기능을 구현하는 단일 페이지 웹사이트를 만든다. 다양한 프레임워크 논쟁은 편의상 생략하고, **제이쿼리**jQuery로 HTML 페이지를 갱신한다. 그래도 코드의 관심사 분리separation of concerns 원칙은 지켰다.

트우터 웹 페이지를 탐색할 때 웹소켓으로 호스트와 연결(6.5절에서 설명한 이벤트 통신 방식 중 한 가지)한다. 모든 통신 관련 코드는 chapter_06의 web_adapter 서브패키지에 있다. WebSocketEndPoint 클래스는 ReceiverEndPoint를 구현하며 SenderEndPoint에서 필요한 메서드를 호출한다. 예를 들어 ReceiverEndPoint가 다른 사용자를 팔로우하라는 메시지를 받아 파싱하면 WebSocketEndPoint는 사용자명을 인수로 SenderEndPoint.onFollow()를 호출한다. 반환된 enum(FollowStatus)을 와이어 형식wire format 응답으로 변환한 다음 웹소켓 연결로 전송한다.

자바스크립트 프런트엔드와 서버 간의 모든 통신은 **JSON**[6] 표준으로 이루어진다. 자바스크립트 UI로 쉽게 직렬화, 비직렬화할 수 있기 때문이다.

WebSocketEndPoint는 자바 코드로 JSON을 인코딩, 디코딩해야 한다. 이를 지원하는 다양한 라이브러리가 있는데, 예제에서는 유명하며 유지보수가 잘되는 Jackson 라이브러리[7]를 사용했다. 이벤트 주도 방식보다는 요청 응답 방식의 응용프로그램에서 JSON을 주로 사용한다.

---

**4** https://www.hanbit.co.kr/store/books/look.php?p_code=B4926602499

**5** https://oreil.ly/hDrfH

**6** http://www.json.org/

**7** https://github.com/FasterXML/jackson

예제에서는 JSON 객체에서 수동으로 정보를 추출했지만 바인딩 API같은 고수준 JSON API 를 이용하는 방법도 있다.

## 7.7 의존관계 역전과 의존관계 주입

7장에서 결합을 제거하는 패턴을 살펴봤다. 포트와 어댑터 패턴, 저장소 패턴으로 비즈니스 로직과 세부 구현의 결합을 제거했다. **의존관계 역전**은 이들 패턴을 아우르는 원칙이다. 의존관계 역전은 SOLID 패턴의 마지막 원칙으로 이 역시 로버트 마틴이 정립했다. 다음은 의존관계 역전의 정의다.

- 높은 수준의 모듈은 낮은 수준의 모듈에 의존하지 않아야 한다. 두 모듈 모두 추상화에 의존해야 한다.
- 추상화는 세부 사항에 의존하지 않아야 한다. 세부 사항은 추상화에 의존해야 한다.

고전의 명령형, 구조형 프로그래밍에서는 높은 수준의 모듈을 분해해 낮은 수준의 모듈을 만들었다. 이는 이전에 살펴본 하향식 설계의 문제를 갖는다. 한 개의 큰 문제를 여러 작은 문제로 쪼개고 이 작은 문제를 각 모듈이 해결하도록 구현하면, 주요 문제(높은 수준 모듈)가 작은 문제들(낮은 수준 모듈)을 의존하게 된다.

트우터에서는 추상화로 이 문제를 해결한다. Twootr라는 높은 수준의 진입점 클래스를 만들었지만, 이 클래스는 DataUserRepository 같은 다른 낮은 수준의 모듈에 의존하지 않는다. 이는 구현이 아닌 UserRepository 인터페이스처럼 추상화에 의존하기 때문이다. UI 포트에서도 같은 방법으로 관계를 역전시켰다. Twootr는 WebSocketEndPoint가 아니라 ReceiverEndPoint에 의존한다. 세부 구현이 아니라 인터페이스를 바라보고 프로그램을 구현했다.

**의존관계 주입**dependency injection(DI)이라는 개념도 있다. 예제 프로젝트의 설계를 바꿔보면서 어떻게 DI를 활용할 수 있는지 살펴보자. 메인 Twootr 클래스는 UserRepository와 TwootRepository를 이용해 User, Twoot 객체를 저장한다. [예제 7-30]처럼 객체 인스턴스를 Twootr의 내부 필드에 선언하여 저장한다. 그럼 어떻게 이들을 인스턴스화할 수 있을까?

**예제 7-30** Twootr 클래스의 의존성

```
public class Twootr
{

    private final TwootRepository twootRepository;
    private final UserRepository userRepository;
```

[예제 7-31]처럼 new 키워드로 인스턴스를 만들어 필드에 할당한다. 이때 데이터베이스 기반의 저장소를 사용할 것임을 코드베이스에 하드코딩했다. 여전히 클래스 대부분의 코드는 인터페이스를 이용해 프로그램했으므로 비교적 쉽게 구현을 수정했지만 약간의 문제가 생긴다. **Twootr** 클래스는 항상 데이터베이스 저장소를 사용하므로 **Twootr** 클래스 테스트도 데이터베이스를 사용해야 하며 더 느리게 실행된다.

또한 다양한 버전의 트우터를 다양한 고객(SQL을 사용하는 기업 고객으로 클라우드 기반 버전에는 NoSQL 백엔드를 사용)에게 납품하기 위해서는 고객의 조건에 맞는 여러 코드베이스를 준비해야 한다. 인터페이스를 정의하고 구현을 분리하는 것으로는 부족하다. 즉 추상화, 결합 제거를 유지할 수 있도록 올바른 구현을 제공하는 방법이 필요하다.

**예제 7-31** 필드 인스턴스화 하드코딩

```
public Twootr()
{
    this.userRepository = new DatabaseUserRepository();
    this.twootRepository = new DatabaseTwootRepository();
}

// 트우터 시작
Twootr twootr = new Twootr();
```

디자인 패턴 중 **추상 팩토리 패턴**abstract factory pattern으로 의존성을 인스턴스화하는 방법이 있다. [예제 7-32]는 이 패턴을 적용한 예제이며 getInstance()라는 팩토리 메서드로 인터페이스의 인스턴스를 만든다. 그리고 setInstance() 메서드로 사용할 구현을 설정한다. 예를 들어 setInstance()로 인메모리 구현은 테스트에 사용하고, 온프레미스on-premise에서는 SQL 데이터베이스를 사용하며, 클라우드 환경에는 NoSQL 데이터베이스를 사용하도록 설정할 수 있다. 인터페이스와 구현을 분리했으며 원하는 시점에 필요한 구현을 연결한다.

```java
public Twootr()
{
    this.userRepository = UserRepository.getInstance();
    this.twootRepository = TwootRepository.getInstance();
}

// 트우터 시작
UserRepository.setInstance(new DatabaseUserRepository());
TwootRepository.setInstance(new DatabaseTwootRepository());
Twootr twootr = new Twootr();
```

안타깝게 팩토리 메서드 기법에도 문제가 있다. 일단 아주 큰 덩어리의 공유된 가변 상태를 갖게 되었다. 현재 상태로는 한 JVM 내에 다른 의존성을 가진 다른 **Twootr** 인스턴스를 만들 수 없다. 또한 응용프로그램과 저장소의 생명주기가 묶여버렸다. **Twootr**를 시작할 때 기존의 인스턴스를 재사용할 수 없으며 항상 새로운 **TwootRepository**를 인스턴스화해야 한다. 팩토리 메서드는 재사용 기능을 제공하지 않기 때문이다. 응용프로그램에서 만드는 모든 디펜던시에 팩토리를 제공해야 한다는 점도 골칫거리다.

의존관계 주입을 이용하면 이 문제를 간단하게 해결할 수 있다. DI는 할리우드 기획사 전략(연락하실 필요 없어요. 저희가 여러분을 찾아갑니다)을 프로그램에 적용한 것이나 마찬가지다. DI를 이용하면 명시적으로 디펜던시나 팩토리를 만들 필요가 없으며, 필요한 인수를 제공하면 디펜더시에 필요한 책임을 담당하는 객체를 알아서 인스턴스화한다. 예를 들어 응용프로그램의 **main()** 메서드에 SQL 데이터베이스 구현을 전달하거나, 테스트 클래스의 설정 메서드에 목을 전달할 수 있다. [예제 7-33]은 **Twootr** 클래스에 DI를 사용한 예다. 의존관계 역전이 전략이라면 의존관계 주입과 저장소 패턴은 전술이다.

```java
public Twootr(final UserRepository userRepository, final TwootRepository
twootRepository)
{
    this.userRepository = userRepository;
    this.twootRepository = twootRepository;
}
```

```
// 트우터 시작
Twootr twootr = new Twootr(new DatabaseUserRepository(), new
DatabaseTwootRepository());
```

이런 식으로 객체를 받으면 객체를 쉽게 테스트할 수 있고 객체 생성을 외부로 위임한다. 장점도 있다. 덕분에 응용프로그램 코드나 프레임워크에서 UserRepository를 만들 때 어떤 구현과 연결할지 쉽게 제어할 수 있다. 많은 개발자들은 기본 DI에 다양한 기능을 추가로 제공하는 스프링Spring, 주스Guice 같은 프레임워크가 유용하다는 걸 알게 되었다. 예를 들어 프레임워크는 객체가 인스턴스화되거나 회수되었을 때 필요한 작업을 수행할 수 있도록 훅hook을 표준화하는 빈bean의 생명주기를 정의한다. 또한 싱글턴 객체(프로그램당 한 개의 객체만 인스턴스화 됨) 등의 객체 범위 기능도 제공한다. 더욱이 DI 프레임워크는 드롭위자드Dropwizard, 스프링 부트Spring Boot 등의 웹 개발 프레임워크와 자연스럽게 통합되므로 생산성이 높은 환경을 제공한다.

## 7.8 패키지와 빌드 시스템

자바에서는 코드베이스를 여러 패키지로 쪼갤 수 있다. 책에서 소개한 각 장의 예제는 각각의 패키지에 저장되어 있는데 트우터는 특별히 다른 서브패키지를 포함한다.

다음과 같은 다양한 컴포넌트가 프로젝트에 포함되어 있다.

- com.iteratrlearning.shu_book.chapter_06는 프로젝트의 최상위 패키지다.
- com.iteratrlearning.shu_book.chapter_06.database는 SQL 데이터베이스 저장용 어댑터를 포함한다.
- com.iteratrlearning.shu_book.chapter_06.in_memory는 인메모리 저장용 어댑터를 포함한다.
- com.iteratrlearning.shu_book.chapter_06.web_adapter는 웹소켓 기반 UI 어댑터를 포함한다.

큰 프로젝트를 다양한 패키지로 쪼개면 개발자가 쉽게 기능을 찾을 수 있도록 코드를 조직할 수 있다. 관련된 메서드와 상태를 한 클래스로 그룹화했듯이, 관련된 클래스를 패키지로 묶는다. 클래스의 결합도, 응집도 원칙은 패키지에도 적용된다. 비슷한 시기에 함께 바꿀 가능성이 있는 클래스는 같은 패키지에 놓고 관련 기능은 같은 구조로 유지한다. 예를 들어 트우터 프로젝트에서 SQL 데이터베이스 저장 코드는 database 서브패키지에 있다.

패키지는 정보 은닉 기능도 제공한다. [예제 4-3]에서 패키지 외부에서 객체 인스턴스화를 못하도록 방지하는 패키지 영역 생성자 메서드를 설명했다. 패키지로 클래스와 메서드 접근 범위를 제한해 외부 패키지에서 내부 패키지의 세부 구현에 접근하지 못하도록 막으므로 결합도를 낮춘다. 예를 들어 WebSocketEndPoint는 web_adapter 패키지에 위치한 ReceiverEndPoint를 패키지 영역으로 구현한다. 프로젝트의 다른 코드는 WebSocketEndPoint 클래스와 직접 통신할 수 없으며, 포트 역할을 담당하는 ReceiverEndPoint 인터페이스를 통해서 통신해야 한다.

패키지당 한 개의 어댑터를 만드는 방식은 모듈에서 사용한 육각형 아키텍처 패턴과도 잘 어울린다. 하지만 모든 응용프로그램이 육각형을 적용하는 것은 아니며 보통 두 가지 패키지 구조를 많이 사용한다.

패키지를 구조화하는 흔한 방식은 패키지를 계층으로 구분하는 것이다. 예를 들어 웹사이트의 HTML 뷰를 만드는 모든 코드를 views 패키지로 모으고, 웹 요청을 처리하는 코드는 controller 패키지에 모으는 방식이다. 유명한 방식이지만 구조를 잘 결정하지 않으면 결합도와 응집도에 문제가 생긴다. 기존 코드에서 파라미터를 추가하고, 이 파라미터의 값에 따라 뭔가를 표시하려 한다면 controller와 view 패키지를 포함한 다른 코드를 바꿔야 한다.

또 다른 방식은 기능으로 코드를 그룹화하는 것이다. 예를 들어 전자상거래 사이트를 구축한다고 가정하면 장바구니 기능은 cart 패키지로, 제품 목록과 관련된 코드는 product 패키지로, 카드 결제 관련 기능은 payment 등의 패키지로 묶는 방식이다. 이 방식으로 응집도를 높일 수 있다. 비자뿐 아니라 마스터카드 결제 방식을 추가해야 한다면 payment 패키지의 내용만 바꾸면 된다.

3.9.2절에서는 메이븐 빌드 도구로 기본 빌드 구조를 설정하는 방법을 설명했다. 이 책에서는 한 개의 메이븐 프로젝트가 있고 책의 다른 장은 한 프로젝트 내의 다른 자바 패키지로 구성했다. 다양한 방식의 소프트웨어 프로젝트에 알맞은 간단한 프로젝트 구성이지만 프로젝트를 다른 방식으로도 구성할 수 있다. 메이븐과 그레이들, 둘 다 한 개의 최상위 프로젝트로 빌드와 부산물을 생성할 수 있는 프로젝트 구조를 제공한다.

다양한 빌드 부산물을 배포하려는 상황에서 특히 유용하다. 예를 들어 클라이언트와 서버를 모두 빌드하는 클라이언트 서버 프로젝트가 있다면 클라이언트와 서버는 각각 다른 시스템에서 실행된다. 하지만 상황을 너무 복잡하게 만들거나 과도하게 모듈화된 빌드 스크립트를 만들지 않는 것이 좋다.

팀에서 간단하고, 빠르고, 사용하기 쉽게 무언가를 주기적으로 실행하고 싶을 때가 있다. 이 책의 예제 프로젝트를 서브모듈로 분리하지 않고 한 프로젝트로 만든 이유가 바로 이 때문이다.

## 7.9 한계와 단순화

지금까지 트우터를 구현하는 방법과 설계 결정 과정을 확인했다. 하지만 그렇다고 트우터 코드가 최선의 방법이라고 할 수 있을까? 물론 아니다. 사실 한 장에 많은 내용을 설명하려다 보니 한계가 있었고 일부는 단순화할 수 밖에 없었다.

우선 트우터가 한 개의 스레드에서 실행된다고 가정하므로 동시성 문제는 완전히 무시했다. 실생활에서는 트우터 구현이 여러 스레드에서 이벤트를 수신하고 발행하도록 만들어야 한다. 그래야 최신 멀티코어 CPU를 활용해 많은 고객들에게 서비스를 제공할 수 있다.

또한 호스팅 서버에 장애가 일어났을 때의 상황도 고려하지 않았다. 확장성도 무시했다. 예를 들어 모든 트웃을 한 순서로 정렬하는 것은 한 개의 서버라면 쉽고 효율적인 일이지만, 확장성을 포함한 심각한 문제가 발생할 수 있다. 마찬가지로 로그인했을 때 모든 트웃을 보여주는 기능도 심한 병목현상을 일으킬 수 있다. 한 주 동안 휴가를 다녀와 로그인해보니 2만 개의 트웃이 한 번에 나타날 수 있기 때문이다!

이런 문제를 해결하는 것은 7장의 주제에서 벗어난다. 하지만 자바 개발자에게 이는 중요한 문제이므로 이 책의 후속 시리즈에서 이 문제를 어떻게 해결할 수 있는지 살펴보려 한다.

## 7.10 총정리

- 저장소 패턴으로 데이터 저장과 비즈니스 로직의 결합을 제거할 수 있다.
- 두 가지 방식의 저장소 구현 방법을 살펴봤다.
- 자바 8 스트림을 포함한 함수형 프로그래밍 개념을 소개했다.
- 다양한 패키지로 큰 프로젝트를 구성하는 방법을 확인했다.

## 7.11 되새김

여러분의 지식을 조금 더 넓히고, 탄탄히 만들기 위해 아래의 내용을 도전해보자.

트우터를 풀 모델로 구현했다고 가정하자. 브라우저 기반 클라이언트에서 전송한 메시지를 웹소켓을 통해 연속으로 받지 않고, HTTP를 이용해 특정 위치 이후의 메시지만 가져오도록 만들었다.

- 설계가 어떻게 바뀌어야 하는지 브레인스토밍해보자. 다양한 클래스들과 이들 사이에서 데이터가 어떻게 흐르는지 다이어그램을 그려보자.
- TDD로 새로운 트우터 모델을 구현해보자. HTTP 부분은 구현할 필요 없고 새로운 모델에 따른 클래스만 구현한다.

## 7.12 도전 과제를 완료하며

동작하는 제품을 완성했다. 안타깝게도 조가 이 제품을 출시했을 때 무려 11년 전에 잭 도시라는 사람이 트우터와 비슷한 서비스를 제공하며 이름조차도 비슷한 트위터를 출시했으며 수십억 달러의 VC 펀딩을 받고 수억 명의 사용자를 보유했다는 사실을 알게 되었다.

# CHAPTER 8

# 결론

지금까지 이 책의 내용을 즐겼기를 바란다. 필자들도 즐겁게 책을 집필했다. 8장에서는 여러분의 프로그래밍 경력에 무엇을 더해야 할지 설명한다. 여러분의 기술을 발전시키고 개발자로서 경력을 한 단계 높이는 방법을 알아보자.

## 8.1 프로젝트 기반 구조

이 책에서는 소프트웨어 개발 개념을 더 쉽게 이해할 수 있도록 예제 프로젝트를 사용했다. 소프트웨어 엔지니어링 결정을 내린 콘텍스트를 확인할 수 있도록 실전처럼 소프트웨어 프로젝트를 진행하면서 필요한 내용을 설명했다. 소프트웨어에서 콘텍스트는 매우 중요하다. 같은 결정이라도 콘텍스트에 따라 좋은 결정이 되거나 좋지 않은 결정이 되기 때문이다. 많은 개발자는 코드 재사용 원리를 제대로 이해하지 못한 채 클래스 상속을 남용하고 오용한다. 4장에서 클래스 상속이 독이 되는 이유를 잘 설명했다.

하지만 책을 읽는다고 갑자기 고급 소프트웨어 개발자가 될 순 없다. 좋은 개발자가 되려면 연습, 경험, 인내가 필요하다. 이 책은 이 과정을 최적화할 수 있도록 돕는 역할을 한다. 여러분이 배운 내용을 더 잘 이해하고 개선할 수 있도록 각 장에 '되새김' 항목을 마련했다.

## 8.2 되새김

소프트웨어 개발자는 보통 반복 과정을 통해 프로젝트를 진행한다. 즉 한두 주에 수행해야 할 가장 높은 우선순위의 일을 골라 이를 완성하고, 피드백을 받아 다음 항목을 결정한다. 여러분의 기술도 같은 방법으로 발전시킬 수 있다.

정기적으로 자신을 돌아보면서(회고retrospective) 앞으로 무엇에 집중하며 어떤 방향으로 나아갈지 점검해보자. 애자일 소프트웨어 개발에서는 주마다 회고하기도 하는데, 개인적으로 이렇게 자주 회고할 필요는 없다고 생각한다. 계절별 또는 일 년에 두 번 정도 회고 시간을 가지면 좋다. 현재나 미래의 직업에 어떤 기술이 도움이 될지 평가해보면 좋다. 이를 기반으로 다음 분기에 달성할 목표를 세우거나 배움이나 개선점을 목표로 설정하면 더욱 좋다. 다만 완전히 새로운 프로그래밍 언어를 배우는 것처럼 거창한 목표를 설정할 필요는 없다. 새로운 테스트 프레임워크를 선택해보거나 디자인 패턴 배워보기 정도를 목표로 삼을 수 있다.

기술과 관련해 일부 개발자는 다양한 반론을 제기한다. 특히 '어떻게 항상 새로운 기술, 기법, 원칙을 배울 수 있죠?'라는 질문을 많이 받는다. 모두가 바쁜 일상을 보내면서 기술을 배우고, 개발하는 일은 결코 쉽지 않기 때문이다. 기술 산업의 모든 것을 배워야 하는 것은 아니다. 이는 불가능하다. 각자에게 도움이 되는 주요 기술을 찾아 기존에 자신이 보유한 기술에 추가한다면 훌륭한 개발자로 발전할 수 있다. 자신을 발전시키는 과정을 반복하는 것이 핵심이다.


## 8.3 의식적 연습

책에서는 좋은 개발자가 되는 데 필요한 많은 핵심 개념과 기술을 설명했지만, 중요한 것은 이를 연습하는 것이다. 읽는 것만으로는 충분하지 않으며 배운 내용을 연습해야만 자신의 것으로 만들 수 있다. 특히 업무 중 특정 기술을 선택해 적용해야 하는 상황에서 배운 내용이 도움이 된다. 이 책에서 설명한 모든 패턴을 적용해야 하는 상황과 그렇지 않은 상황을 쉽게 판단할 수 있다.

종종 타고난 재능과 지능이 성공의 가장 큰 요소라 생각하기 쉽지만, 수많은 연구 결과는 연습과 노력이 성공의 가장 큰 열쇠임을 증명한다. 제프 콜빈의 『재능은 어떻게 단련되는가?』(부키, 2010)와 맬컴 글래드웰의 『아웃라이어』(김영사, 2009) 같은 책에서 성공적인 인생의 가장 중요한 핵심 요소를 평가한 결과, **의식적 연습**deliberate practice이야 말로 가장 효과적인 방법이라고 결론지었다.

의식적 연습이란 목표를 가진 체계적인 연습을 의미한다. 의식적 연습은 성능 개선을 목표로 삼으며 집중과 주의가 필요하다. 일반적으로 사람들은 기술을 향상하기 위해 반복적으로만 연습한다. 같은 일을 반복하는 방법이 기술을 향상하는 가장 효과적인 방법은 아니다.

필자가 이클립스 컬렉션 라이브러리[1]를 알아보면서 배웠던 적이 있다. 체계적으로 라이브러리를 이해하고 배울 수 있도록 해당 라이브러리에서 제공하는 훌륭한 코드 카타를 이용했다. 라이브러리를 제대로 이해하기 위해 카타를 세 번씩 반복했다. 매번 처음부터 코드를 구현하면서 기존의 코드보다 더 깔끔하고, 좋고, 빠른 결과물이 나왔는지 비교했다.

어떤 동작을 반복하면 이는 습관으로 자리 잡는다. 여러분의 경력에서 나쁜 습관을 가지면 업무도 영향이 미친다. 경험은 습관을 강화한다. 의식적 연습으로 이 악순환을 깰 수 있다. 책에서 배운 새 기법을 체계적으로 연습하는 것도 의식적 연습의 일부다. 또한 연습 문제를 포함하는 교육 과정에 참여하는 방법도 있다. 다양한 방법으로 의식적 연습을 수행한다면 시간이 지나면서 기술을 제대로 발전시킬 수 있고, 이 책에서 설명하는 그 이상의 기술을 손에 쥘 수 있다.

## 8.4 다음 단계와 추가 자료

여러분은 이 책이 여정의 끝이 아님은 충분히 이해했을 것 같다. 그럼 이제 어디로 가야 할까?

오픈 소스 개발에 참여하면 소프트웨어에 대해 더 배울 수 있고 여러분의 지식을 넓힐 수 있다. 제이유닛, 스프링처럼 유명한 자바 오픈 소스 프로젝트는 깃허브[2]에서 호스팅한다. 프로젝트마다 차이는 있지만, 대부분의 오픈 소스 유지보수 개발자는 도움이 절실한 상태다. 버그 트래커bug tracker를 확인해보고 여러분이 도울 수 있는 부분이 있는지 확인해보자.

정식 교육 과정과 온라인 교육도 여러분의 기술을 향상할 수 있는 실용적이며 인기 있는 방법

---

**1** https://www.eclipse.org/collections/

**2** https://github.com/

이다. 요즘은 온라인 교육이 특히 인기를 얻고 있는데, 플루럴사이트Pluralsight, **3** 오라일리 교육 플랫폼**4** 등에서 다양한 자바 교육 과정을 확인할 수 있다.

블로그와 트위터도 개발자에게 다양한 정보를 제공한다. 필자들은 소프트웨어 개발과 관련한 링크를 종종 트위터에 게시한다.**5** 해커 뉴스Hacker News**6**와 비슷하게 프로그래밍 레딧Programming Reddit**7**도 많은 링크를 제공한다. 마지막으로 저자가 운영하는 교육 회사인 Iteratr Learning에서도 다양한 무료 기사**8**를 시리즈로 제공한다.

지금까지 이 책을 읽어준 독자 여러분께 감사드린다. 여러분의 소중한 의견이나 피드백을 언제든 환영하며 자바 개발자로 훌륭한 여행을 즐기길 고대한다.

---

**3** *http://pluralsight.com/*

**4** *http://safaribooksonline.com/*

**5** 리처드 워버턴(*http://twitter.com/richardwarburto*), 라울-게이브리얼 우르마(*https://twitter.com/raouluk*)

**6** *http://news.ycombinator.com/*

**7** *http://reddit.com/r/programming*

**8** *http://iteratrlearning.com/articles*

# INDEX

# INDEX

# INDEX

# INDEX

# INDEX